U0953703

# 完美男孩

## 青春期成长手册

董亚兰◎编著

北京工业大学出版社

**图书在版编目（CIP）数据**

完美男孩青春期成长手册／董亚兰编著．—北京：北京工业大学出版社，2014.5
ISBN 978-7-5639-3833-9
Ⅰ.①完… Ⅱ.①董… Ⅲ.①男性-青春期-健康教育-手册 Ⅳ.①G479-62

中国版本图书馆CIP数据核字(2014)第052089号

**完美男孩青春期成长手册**

---

**编　　著**：董亚兰
**责任编辑**：刘学宽
**封面设计**：纸衣裳书装 · 孙希前
**出版发行**：北京工业大学出版社
（北京市朝阳区平乐园100号　邮编：100124）
010-67391722（传真）　bgdcbs@sina.com
**出 版 人**：郝　勇
**经销单位**：全国各地新华书店
**承印单位**：北京集惠印刷有限责任公司
**开　　本**：787 毫米×1092 毫米 1/16
**印　　张**：18
**字　　数**：203千字
**版　　次**：2014年 5 月第 1 版
**印　　次**：2014年 9 月第 2 次印刷
**标准书号**：ISBN 978-7-5639-3833-9
**定　　价**：29.80元

---

**版权所有　翻印必究**

（如发现印装质量问题，请寄本社发行部调换 010-67391106）

# 前　言

青春，在人生之中代表着美丽、活力和希望，也蕴含着迷茫、忐忑和挫折。青春期是男孩心理趋向成熟的关键时期，更是他们一生中最重要的转折点。如果男孩能顺利度过这段时期，他们就会步入成人的世界，真正担负起自己的责任，为了心中的理想而继续奋斗。反之，如果男孩在青春期遇到障碍而没能及时克服，就会影响到他们的健康成长，甚至影响到他们的命运。

那么，男孩在青春期中会遇到哪些“拦路虎”呢？对自身生理变化的不解、对异性的复杂情感、对友谊的追寻与碰壁、与父母关系的紧张叛逆、对学习的爱恨交加……这些因素随便哪一个都能给男孩的心理带来不小的影响。但是在青春期期间，它们往往是交织地出现在男孩的生活中的，往往让男孩儿措手不及。对男孩来说，他们没有在社会中独立生活过，社会阅历、对事情的接受与应对能力等都十分不足，这些都成为他们克服上述“拦路虎”时的不利之处。不能忽视的是，男孩的性格虽然大多是大方、豪爽和豁达的，但他们也有着心理敏感、心思细腻、十分在意外界对其的评价、希望能得到同龄人的认可、希望能与父母和师长平等交往等心理特点。这些因素导致男孩在遇到难题时，虽然也希望能有一位“人生导师”助自己一臂之力，但

不会直接向父母或师长开口求助，因此，图书就成了男孩解决心理困惑的一个行之有效的方式。

有鉴于此，我们策划推出了本书，从生理常识、情感心理、人际交往、道德品质、人生理想、生命教育等十一个方面向男孩详细介绍了青春期的秘密，以帮助男孩真正了解青春期并轻松应对青春期出现的各种问题，健康、快乐地度过这一重要的人生阶段。

当然，除了看书，男孩更需要行动，以自强、自励的精神激励自己前进，才会让自己的青春更有意义。一个懂得自我激励的人，能在不断前进的过程中充分发挥自身的潜能，并最终实现自己的目标，而不会自我激励的人，就算天赋极高，也可能无法将其充分利用，甚至一生碌碌无为。有研究表明，没有进行过自我激励的孩子，仅能发挥其能力的20%左右，而经常自我激励的孩子，其发挥的潜能相当于激励前的3～4倍。

男孩要做到自我激励，就要用欣赏的眼光看自己，正确认识自己的优点与长处，以形成一种自我激励的内驱力。这样做的目的是促使男孩在今后的学习、生活中不断超越自己，督促自己进步,让自己获得心灵上的巨大满足，使自己获得更大的鼓舞和信心，从而激励自己更加努力去做好每一件事，充实而精彩地度过青春期。只有这样，当男孩回首往事时，才不会因自己虚度光阴而后悔。

男孩，现在就请拿起本书，寻找你感兴趣的内容吧，如果能结合自己的体会，在生活中去实践、去思考，相信你会有不一样的收获!

# 目　录

## 第一章　青春期，男孩生理的特殊变化



## 第二章　青春期，男孩如何应对爱的萌动

## 第三章　不要羞涩，男孩应了解的性常识



## 第四章　纠正不良性格，做个心理健全的好男孩

## 第五章 树立良好品格，培养独立生活能力



## 第六章 男孩的交际法则

## 第七章　学习，也可以变得如此轻松



## 第八章　做一个不平庸、为理想而奋斗的优秀男子汉

## 第九章　坦诚相见，增进亲子关系



## 第十章　男孩的保健法则

## 第十一章　理解生命，男孩也应爱惜自己

# 第一章

# 青春期，男孩生理的特殊变化

进入青春期后，男孩的身体会发生很多变化，虽然不是像女孩那样，发生明显的类似于胸部发育等变化，但也会给男孩带来很多困扰和生理上的不适感。比如，开始长喉结了、声音变粗了、“小鸡鸡”突然翘起来了、个子猛地增高了……

这些变化，让男孩感觉又惊又喜，面对它们时，显得有些手足无措。如何正确面对自己生理上的变化呢？这就是我们本章中所要讲到的内容。

## 青春期的“破喉咙”和“破锣嗓子”

小军今年已经13岁了，是一名初中一年级的学生。这段时间，他总觉得自己的喉咙部位发生了一些明显的变化，原本光滑的脖子上不知道从什么时候开始，冒出了硬硬的“小疙瘩”。

小军抬起下巴，看镜子中自己的脖子，怎么看怎么担心，会不会是脖子里长了什么不好的东西，比如，肿块、肿瘤之类的？！

越想，小军越觉得害怕，每天都精神恍惚，吃不好饭，睡不好觉，学习也因此受到了很大的影响。

当他抵抗不住心里的压力时，对爸爸说：“爸爸，我好像生了很严重的病。”

爸爸关心地问他怎么了，小军说：“我的脖子上，长了硬硬的东西，就像……咦？爸爸，你的脖子上怎么也有个小疙瘩，而且比我的大多了……”

爸爸哭笑不得，认真地对儿子说：

“这叫喉结，说明你已经要长成大男孩了。”

“喉结？”小军摸了摸自己脖子上的小“疙瘩”，若有所思地点了点头。

喉结，指的是男子颈部由甲状软骨构成的隆起物。人的喉咙是由11块软骨作为支架所构成的，体积最大又是最重要的一块软骨叫作甲

状软骨。男孩进入青春期后，这块软骨就会慢慢长大，形成喉结。所以说，喉结并不是男孩在青春期突然长出来的，只是原来的软骨长大了而已。而且，喉结男女都有，只是由于男孩雄激素在进入青春期后分泌量增大，使得其软骨比女孩儿的发育得要大。一般情况下，新生儿在两个月时，喉软骨开始发育，之后的五六年也会随着身体的发育逐渐增长。当这五六年过去之后，喉软骨的生长基本停止下来，直到进入青春期，男孩才开始出现喉结。

关于喉结的来源，还有这样一种说法：传说上帝创造人类的始祖——亚当和夏娃，在东方的伊甸为他们建了一座伊甸园让他们居住。伊甸园里生长着各种树木，树上长着各种各样的果实。上帝对亚当说，你可以吃园子里任何一种果子，除了那棵善恶树上的果实。但亚当的配偶夏娃后来却听信了蛇的诱惑，不顾神谕，吃了善恶树上的禁果，还把这果子分给了亚当。亚当因想起神谕而感到恐惧，在吃禁果的时候一片果肉留在了喉咙中，从此，亚当就永远在脖子前端留下“喉结”，作为偷吃禁果的“罪证”。

上面的故事当然只是个传说，但喉结突出确实是男性的特征之一。进入青春期后，男孩的雄激素会增多，使男孩的喉结出现不同程度地向前突出的现象。在雄激素的作用下，两侧甲状软骨板的前角上端会迅速增大，并向前突出，逐渐形成喉结。

一般情况下，男孩喉结开始发育是13～15岁，因体质或遗传、环境等因素的影响，提早或延迟一两年，都是正常的。男孩在发现自己开始长喉结时，不要惊慌，也不要总是好奇地用手去摸、捏稚嫩的喉结，以免影响身体的正常生长发育。

小军知道自己脖子下的小疙瘩是在长喉结后，才放下了心，安心学习。可没过多久，他发现自己的嗓子有点不舒服了，而且声音变得有些哑，说话难听死了。

小军以为自己感冒了，就去学校的医务室检查，结果他并没有生病，这是怎么一回事呢?

“到了变声期了吧。”医生笑眯眯地看着他。

“变声期？”小军对这个词感觉挺新鲜的，难道人的声音还会发生变化吗?



什么是变声期呢？当男孩进入青春期后，身体的各个器官都会迅速发育，其中声带、咽、喉等器官都在短期内迅速增长。这使得男孩在说话时的声音发生了一些变化。这种变化，人们就称为变声期。男孩变声期一般发生在12～14岁，在这段时期内，男孩的喉头变大、声带增长，使男孩的音域狭窄，产生发音疲劳和嘶哑等症状。

人的声音是随着年龄的增长而不断发生变化的。从幼儿、童年、青少年、成年到老年，各个阶段的声音都有着不同的变化。但是青春期的男孩所表现出来的变化是最明显的。在这一时期，男孩的声音开始变粗、沙哑。变声期持续的时间以及声音的变化因人而异，但几乎每个男孩都像小军一样，觉得自己这个时期的声音很难听，十分讨厌。

男孩要知道，变声期一般会持续半年甚至是一年，变得越来越“奇怪”的声音并不是那么讨厌的事情。它证明你正在逐渐变得成熟，像个大人一样。不过，在变声期，男孩一定要注意保护好自己的嗓子，要科学合理地使用嗓子，不要让它过于疲劳，以免使发育中的嗓子受到伤害，使嗓音变坏。在变声期，嗓子中的分泌物会变多，男孩要多喝水，少吃辛辣刺激性食物，饮食要以清淡为主，平时不要大声喊叫，以免使嗓子受到伤害。

## 晨勃和遗精是怎么一回事

田勇从小就发育得很快，比同龄的孩子都高都壮。但这也让他提前有了一些尴尬的小秘密。

升入初中后，有一段时间里，田勇发现自己的“小鸡鸡”总是有点异样。每天早上一醒来，它都会直挺挺地，而且偶尔还会在睡衣上发现湿乎乎的东西。

他是晚上尿床了吗？但为什么“小鸡鸡”会立起来呢？又胀又硬，感觉很不舒服。

田勇为此十分苦恼，但又无法阻止这样的事情发生。这让他每天的精神都十分恍惚，连最爱听的课也听不进去了，学习成绩一落千丈。

但是“噩梦”并没有因为他的苦恼而远离他，反而越来越频繁。这两天，也不知道是精神压力过重还是什么原因，每天早上他起床的时候，“小鸡鸡”都湿黏黏的，让人十分讨厌。

“完了，我一定是得了很严重的病，可是，我该如何和父母说呢？”田勇认为，这种“病”是很难让人开口的。父母也不例外。

因此，田勇只好继续为此而苦恼着，每天精神恍惚，度日如年。

其实，故事中田勇的情况，是青春期少年都会遇到的烦恼事。那么，田勇的“小鸡鸡”为什么会在清晨“站立”起来呢？他的睡衣上为什么又会湿漉漉的呢？

这里所说的“小鸡鸡”其实指的就是男性的生殖器官——阴茎。而发生在田勇身上的事情，人们称之为晨勃和遗精。

晨勃指的是男性在清晨4～7点阴茎无意识地自然勃起，这种自然勃起是不受情景、动作和思维的控制，自然而然地产生的。正常情况下，男性的阴茎都是处于松弛状态的，在受性刺激和其他外界的某些刺激时，会发生勃起，但是，有的时候，内脏器官的反射作用也会导致阴茎勃起。最明显的是早晨清醒前出现的阴茎勃起，医学上称之为晨勃，也是检测男性性功能是否正常及强弱的重要表现。

其实，男孩并不仅仅是在进入青春期后才开始出现晨勃现象的。事实上，男孩从小甚至还是胎儿的时候，阴茎就会出现勃起反应。只不过那时候男孩并不像青春期这样敏感，有如此频繁的勃起现象，也没有特别关注这些事情。

小铁是一名初中男孩，最近他终于觉得自己长大了，变成真正的男子汉了。因为，每天早上，他的“小鸡鸡”都会精神抖擞地“站”起来，让他倍感骄傲。

小铁在生理知识课上知道，这种现象叫“晨勃”，是他逐渐变得成熟的主要标志。“小鸡鸡”早上越精神，说明他的身体越健康，也越有男子汉气概。

男孩为什么在青春期会出现频繁的勃起现象呢？这是因为，在进入青春期后，男孩的睾丸开始产生成熟的精子，当阴茎受到某种程度

的刺激后，就会产生勃起。男孩晨勃，主要是因为在经过了一晚上的休眠后，男孩体内的雄激素水平在早上会达到一个最高值，而充满尿液的膀胱也会在此刻压迫四周的贮精囊，在多种刺激下，阴茎就会自然而然地勃起，这是青春期男孩正常的生理反应，不要因为出现晨勃而惊慌失措。

那青春期男孩出现晨勃是正常的，如果长时间不出现晨勃现象，是不是代表着不正常？在医学上，晨勃是诊断心理性阳痿和器质性阳痿的重要依据之一。偶尔不出现晨勃或晨勃现象减少，也是正常的生理反应。晨勃现象是不以人的意志为转移的，但随着年龄的增长，阴茎的勃起次数和时间都会逐渐减少，男孩千万不要为此消耗精力，整日忧心忡忡。

讲完了晨勃，再来看一看遗精的问题。

遗精是青春发育期后，男孩较常见的生理现象。一般每个月会出现1至2次，即精满则溢。青春期的男孩可能次数会多一些，每个月可达到2至8次，但如果男孩发现自己一两天就遗精一次，同时还伴有精神萎靡、头昏头晕、失眠多梦、腰膝酸软、四肢乏力等症状时，就属于频繁遗精了，这对男孩的身体发育极为不利。造成频繁遗精的原因有很多种，一般多为功能性遗精。就像故事中的田勇一样，因为精神压力过重，每天的思想过度集中在性的问题上，使大脑皮层始终存在一个性的兴奋点，再加上精神紧张、焦虑、恐惧、不安，最后导致射精功能紊乱，出现频繁遗精。

另外，还有一些生殖系病变也有可能导致遗精频繁，比如，前列腺炎、精囊炎、包茎、包皮过长等。如果男孩经常在日常生活中穿紧身衣裤，或者睡前玩弄性器官，日常饮食比较刺激，也容易诱发阴茎勃起，间接导致遗精的发生。因此，男孩在面对这些问题时，应掌握科学的性知识，把主要精力放在学习上，要保持充足的睡眠时间，不穿紧身裤，不吃刺激性食物等。除此之外，男孩还要多注意外生殖器官的卫生和清洁，保持好个人卫生。



## 我是“毛孩”我自豪

14岁的毛毛发现自己最近开始长“毛”了！他的脸上、胳膊上、腿上，还有阴部都长出了体毛，而且还有越长越浓密的趋势。

一开始毛毛并没有在意，但半年后，他发现自己的胳膊和腿变得越来越“黑”，而且前胸和腋下竟然也长出了黑密的体毛，这让他在和朋友们一块踢球的时候，再也不敢像以前那样潇洒地脱掉上衣了。

这一天，是个炎炎夏日，踢了半天球的毛毛和朋友们去吃午饭，刚走出球场，朋友就问他：“你的衬衫都湿得快滴水了，难道你不热吗？赶紧把衬衫脱下来吧。”

毛毛尴尬地笑了笑，摇了摇头。

朋友又问：“怎么了？身体不舒服？我看你这个样子都觉得热，赶紧脱了吧。”

“我不热，不用脱了。”毛毛撒谎道。

朋友不信他的话，伸手就要脱他的衣服，吓得毛毛脸都变色了。

朋友一看他真的不想脱，就没坚持，而是关心地问：“你是不是真的生病了？难道是刚才摔了一跤，摔伤了？你赶紧脱下来

让我检查一下，别真受伤了。”

“没有……只是……”

“怎么了？”

“我毛太多……”毛毛小声地说道。

“什么？毛多？”朋友听后哈哈大笑了起来，“有外国人多吗？哎，你这不是气我嘛，我就想让自己的体毛浓一点，密一点，黑一点，可惜，偏偏就不长，你说气不气人。体毛多怕什么，说明咱有男子汉气概。”

“是吗？”毛毛疑惑地问：“男人体毛比较浓密才好吗？”

“当然了，要不然像个女孩儿一样，一点男子汉气概都没有。”朋友说。

听了朋友的话，毛毛这才有点开心了，但并没有彻底地放下心来，不知道自己体毛这么浓密到底正不正常。

当男孩进入青春期后，可能会逐渐注意到自己的体毛越来越多，越来越长，也越来越黑密。在男孩变声期时，腿上、手臂和胸前会长出典型的男性体毛，嘴唇上面也开始出现细细的茸毛，阴部和腋下稍晚时候也会长出毛来。等到男孩长到18岁时，才会出现真正的胡须。一般情况下，男孩体毛的浓密程度和遗传因素以及体内的雄激素分泌多少有关。男孩的四肢汗毛或腋毛较多，且比较黑密，这主要是受遗传因素所致，男孩不必对此过于焦虑。

男孩要了解，体毛不仅是长大了的表现，更是一种男性美的表现。一般情况下，男孩在13岁时会长出浅且细的阴毛，随着身体的发育，这些阴毛会逐渐增多并覆盖整个阴部。阴毛的颜色也会逐渐加深，阴毛加粗并出现卷曲现象。这是因为青春期男孩体内分泌的雄性激素对阴毛产生了一定的刺激，才使男孩的体毛出现了这些变化。另外，男孩在长出阴毛的同时，还会陆续长出腋毛和胡须，有些男孩儿四肢及胸前的体毛也会变得长、密、黑，这都是正常的现象。男孩没有必要像故事中的毛毛一样，为自己的体毛感到担忧和烦恼，反而应该像毛毛的朋友那样，为能长出成熟的体毛而感到高兴和自豪，因为这些现象证明了你正在一点点变成真正的男子汉。

而且，除了身体上的毛发，男孩可能更在意自己的胡须变化。终于长出了令人向往的、代表成熟的胡须，男孩可能会感到很兴奋，对于剃须刀之类的产品跃跃欲试。但是对于男孩来说，平生第一次使用剃须刀可能是一件艰难或者是神圣的事情。这让他们总拿不定主意，到底是用，还是不用。有些男孩听朋友说胡须会越刮越浓密，心里想着自己长出浓密小胡子的样子，开始担心，万一剃不好，长歪了，或者长得太密怎么办?

而且，很少有男孩会想到要买属于自己的剃须刀，他们往往都会偷偷在浴室里使用父亲的剃须刀，当被发现时，还会矢口否认，不承认自己动了爸爸的剃须刀。

其实，男孩完全不用这样小心翼翼，可以大方地向父母承认，自己需要一个剃须刀来解决自己的“面子”问题。

在选择剃须刀时，男孩可以根据自己的喜好，选择刀片式或者电动式的剃须刀。电动式剃须刀使用起来更便利，也不需要在脸上涂上厚厚的刮脸膏，但是价格较贵。男孩应该根据自己的零花钱额度作理智选择。如果男孩选择了刀片式的剃须刀，在使用时要注意刀片是否干净、锋利，如果刀片出现了缺口，要第一时间更换掉，以免伤害到皮肤。在剃须时，要使用刮脸膏或者剃须液，最好不要使用肥皂，否则，就会让你的刀片变钝，感觉剃不下胡须来。剃须时，动作要轻缓柔和，千万不能粗鲁对待自己的“脸面”，否则，很有可能对皮肤造成伤害，刮破脸皮甚至导致炎症。剃须后，要对刀片进行清洗，不要在刀片上遗留刮下来的毛发，这会让刀片变钝，影响下次使用。

## 男孩身高的秘密

小京今年15岁了，但他总感觉自己不如其他男孩长得快。比他小两个月的同学都已经快165厘米高了，而他竟然只有158厘米。这样的身高，实在是让他在其他男孩面前抬不起头来。

同学笑他：“你急什么，这说明你发育得晚，长得比较慢，等你读高中后，没准比我们还高呢。”

小京却不信同学的话，总觉得自己长不高是因为营养不良的原因，所以每次一回家就让爸爸妈妈做好吃的，他只管埋头就吃。

结果，他的个子没长起来，肚子倒是“胀”了一圈，整个人胖了很多。

看着严重变形的自己，小京像个孩子一样，失望地哇哇哭起来。他怎么就长不高呢?

在青春期以前，男孩身高差别不大，但进入青春期后，身高就开始突然增长了。只不过，有的男孩长得快，有的男孩增长的速度比较慢。这是十分正常的，因为每个男孩进入青春期的年龄不同，所以身高的增长自然也会有所不同。

除了和同性相比，小京有着身高增长慢的烦恼，在和女孩做比较时，男孩也会比女孩晚两年才进入身高突增期。一般情况下，男孩儿在14～16岁时，生长发育水平会突然加快，身高的增长速度变快，以前的“小矮子”可能在不长时间就会变成“大高个”。而且，男孩停止生长的时间较晚，生长期较长，有些男孩到23岁时，身高还在增长。

不过，就一般男孩来说，青春期是一个身高快速增长的时期。男孩在整个青春期，身高会增长25～28厘米，这个速度是十分惊人的。

那么，在这个时期，男孩应该注意哪些事项，以满足身体增长的需要，让自己的身体变得比较挺拔高大呢？毕竟没有哪个男孩喜欢自己被叫作“小矮子”。

小田从小就比同龄孩子要矮，进入青春期后，依旧还是班上最矮的男孩，这让他十分苦恼，自己是不是真的长不高了呢？

小田让爸爸妈妈给他买过很多增高产品，吃的、喝的、用的，他都试过，结果都不是很理想。

这一天，他在电视广告上看到一款儿童用的增高鞋，产品介绍得很诱人，说他们的产品不仅能让男孩变高，还能帮助按摩脚部穴位，真正地促进男孩长高。

小田心动了，晚上就央求爸爸妈妈给他买一双这样的鞋，但爸爸妈妈觉得这种鞋很不靠谱，没答应。

小田有些不高兴，第二天又看了一遍广告，越看越心动，就把自己的零花钱全拿了出来，偷偷打电话订购了一双增高鞋。

但是鞋子收到后，小田发现，这双鞋和普通的内增高鞋没什么不一样的地方，反而穿起来很不舒服。

“还是妈妈说得对啊。”小田感叹道，从那以后，他再也没有相信过这些产品。根据妈妈帮他搭配的饮食方案，反而在一个暑假，长高了不少。

对男孩来说，想要增高，在青春期就必须注意营养的补充了，也就是饮食营养的好坏起到了决定性的作用。在身高增长时期，男孩对热量、蛋白质等营养素的需要量是一生中最高的。因此，男孩要保证每天有足够的热量及蛋白质摄入。这是因为，男孩在这一时期，基础代谢会增高，体力活动也会随之增加，这就需要较多的热量及蛋白质来维持人体营养的平衡，所以，必须要有足够的热量及蛋白质摄入才行。

不过，这并不代表男孩就要像上面例子中的小京一样，过量饮食，这样只会引起胃肠道不适，或者直接导致肥胖。所以，男孩在摄取高热量、高蛋白膳食的同时，还应保持膳食平衡、全面营养，安排好所需热量、蛋白质、碳水化合物及纤维素的比例，多补充各种维生素和矿物质，注意饮食搭配。

男孩可以多吃蛋白质食物，它们是人体热能的主要来源，同时还要有一定量的无机盐和B族维生素。青春期男孩每天可摄取500克左右的蛋白质类食物，如果身体生长速度过快，还应加大摄入量，以保证身体内各组织、器官、肌肉的正常发育。可以吃一些如鸡、鱼、猪肉、牛肉、蛋、乳类等食物。此外，每天还应进食400～500克的新鲜蔬菜，以保证维生素和矿物质、纤维素的摄入量。

另外，男孩在长身体的时候，最好少吃或不吃油炸食品。有些男孩特别喜欢吃肉食，简直到了“无肉不欢”的地步。但是过多的肉食，尤其是油炸过的肉食含有高脂肪、高蛋白质、高糖、高热量，长期食用这些油炸食物不但对人体无益，还会对身体造成一定的危害。

除了饮食，男孩还要注意多参加一些体育锻炼，这样可以有效地促进人体骨骼的生长和发育，对男孩的身高增长很有益。

有一些男孩的身高过了青春期还发育得不是太让人满意，于是就想到了借助于“医学”，吃一些所谓的增长药丸，希望自己能变得更高。殊不知，这些药丸一般都含有激素，一旦食用不当，就会对人体产生严重的副作用。比如，影响心脏及肝脏的正常功能。所以，男孩要正常看待自己的身高，虽然过高和过矮都不好，但还应顺其自然，不要过分强求，以免导致不良后果，对身体造成伤害。



## 男孩也会长粉刺

14岁的天天最近有些不开心，以至于连门他都不想出，每天只想闷在家里，躲在自己的小房间。

你问他怎么了？他只会把手挡在额头，使劲地摇头。

爸爸妈妈为此十分担心，但又不知道他到底是怎么了。终于，有一天吃晚饭的时候，爸爸看到了天天不开心的“原因”——两颗小粉刺。

没错，天天就是在为自己额头上突然冒出来的粉刺而发愁。一开始，他只是发现自己的额头有个小红点，碰了碰觉得有点疼，还以为是撞到了，结果第二天洗脸的时候，发现小红点变成了大红点，这下子，他慌了起来。

天天想起班里有个女同学，脸上似乎长了很多这种红红的小

疙瘩，平时看起来都觉得很可怕，他可不想变成女同学那样。

于是他就使劲地抠小红点，希望能把它抠掉，小红点没抠掉，谁料没两天，竟然又长出了新的小红点，这可吓坏了天天，也愁坏了他，害得他担心自己出门被人笑话，连门都不敢出了。

几乎和女孩一样，进入青春期的男孩也会为青春痘而发愁。对于青春期的男孩来说，脸上长痘是很平常的事情，因为青春期男孩的皮肤上的脂腺会变得十分活跃，这些脂腺会分泌大量的油脂，当油脂堵塞毛孔时，粉刺就会同时出现。

粉刺，也就是我们平时所说的青春痘，医学上把这些皮肤上的溢生物统称为粉刺。在人体中，面部、脖颈、前胸和后背的脂腺最多，因此，这些部位也是粉刺最容易出现的地方。

毛囊位于皮肤表层的下面，每个毛囊下都会有脂腺，这些脂腺是专门分泌皮脂的，在平时有保护人体油脂平衡的作用，但如果皮脂分泌过多，就会堵塞我们皮肤上的毛孔，因而引发炎症，出现粉刺。

轻度的粉刺男孩可以不用在意，只要注意粉刺出现部位的卫生清洁，让油脂达到平衡状态，就可以自然消除，但是需要注意的是，保持卫生清洁并不是不停地洗脸，男孩每天洗2～3次脸就可以了，过于频繁的洗脸不但不能阻止粉刺的产生，还有可能破坏皮肤油脂的平衡。而且，严重的粉刺不仅会影响男孩的美观，还会使皮肤出现永久性的疤痕。

朱朱一直觉得脸上长青春痘、粉刺是女孩的专利，没想到自己也有长粉刺的一天，看着脸上刺眼的疙瘩，朱朱真想立即挤破它们。但是朱朱又害怕在脸上留下疤痕，所以一直没敢下手。

朱朱的爷爷是位老中医，一直住在乡下。这个暑假，朱朱去乡下爷爷家住，顺便向爷爷请教中医中有没有有效治疗粉刺的方法。

爷爷说："当然有，虽然见效慢，但只要坚持，肯定有效。"

朱朱马上说："我肯定能坚持下来，要怎么做？"

爷爷不答反问："你最近是不是容易发火？"

朱朱不好意思地笑道："最近天气炎热，心里比较郁闷嘛。"

"嗯，这就对了，粉刺可以用按摩的方法来治疗，但首先，你先学会控制自己的脾气，不能让肝气郁滞，不然，就算这次治好了，下次还是会长出来的。"

"嗯，我知道了，以后我一定注意控制自己的脾气。"朱朱听后，认真地点了点头。

整个暑假，朱朱都跟着爷爷学习中医和按摩，不仅把自己的粉刺治好了，还增长了很多知识。

暑假快结束时，朱朱恋恋不舍地对爷爷说："下次我如果再长青春痘，一定还来找爷爷帮忙，向您学习更多的中医知识。"

爷爷听后，开心地笑了起来。

中医认为，肝气要像春天里的树木一样，所有树枝向外伸展，这棵树才会长得茂盛。如果肝气郁滞，人首先就会出现情绪波动，引发肝火循着肝胆经"冲"上头部，而额头两侧是肝胆经主管的部位，所以粉刺很容易长在额头及额头两侧。

长粉刺后，可以先按摩气海穴，调节体内肝火。气海也就是气功

里所讲的“丹田”，是人生发真气的地方，能全面培补人体的正气，因此它也被称为“性命之祖”。正因为气海穴能调整人体正气，所以它也能协助太冲穴消除肝气郁滞，驱除因肝气郁结而长出的粉刺。

按摩配合生活的调理，相信很快粉刺就会离你而去的。还要注意平时少吃油腻的食物，比如油炸食品和肉类，要多吃富含维生素的蔬菜、水果。多喝白开水，帮助促进人体排毒，并且要保持正常的生活作息，保持心情愉悦，让肝胆和脾胃运行顺畅，对减少粉刺也会有好处。

当男孩长粉刺时，千万不要用手挤压粉刺，更不能频繁地用手触摸脸部皮肤。这是因为，在挤压粉刺时，一般不会对手和皮肤进行严格的消毒，很容易在挤压的过程中伤及真皮层，留下疤痕，如果使细菌趁机侵入，还会导致皮肤炎症的发生。

在出现粉刺的期间，一定要注意自己的日常饮食，要选择一些清淡的食物。在洗脸时，应对皮肤进行适当的深度清洁，彻底清除皮肤上的灰尘和油垢。如果情况严重，应及时就医，根据医生开出的药方，对粉刺进行彻底的治疗。

## 了解自己的生殖器官

男孩的性器官从出生起就已经完备了，进入青春期后，才会发生巨大变化。男孩首先会发现，自己的睾丸增大了，阴囊的颜色开始变深，变得更圆更厚，阴茎也开始变长变大，在睾丸增大后约半年，开始长出阴毛。最初是些淡色的直毛，通常在阴茎的底部。几个月过后，颜色变深，毛发变粗硬、卷曲，延伸到整个阴部。最终会一直向上蔓延到靠近肚脐，还可能向后一直长到睾丸后侧肛门处。

出现这些变化后，说明男孩渐渐有了生育能力，体内开始产生精液，在性高潮时会有精液射出来。



小高今年13岁，一次去学校的公共厕所时，他的同学小亮偷偷看了他的阴部一眼后，突然笑了起来。

“真小，原来还没长大啊，真是个长不大的孩子。”小亮笑道。

“谁说我长不大，我已经是个大人了。”小高不服气地说道。

“那你的‘小鸡鸡’还那么小，肯定长不大，你就是个小豆芽菜。”小亮继续笑话道。

小高偷偷看了眼小亮的“小鸡鸡”，发现自己的和他的比起来，确实有点小，又生气，又郁闷，当场就说不出话来了。

小亮看到他的反应后，笑得更大声了。小亮的笑声引来了很多同学，马上，同学们都知道小高是颗“豆芽菜了”，这让小高十分伤心，赶紧提上裤子，低着头跑回了教室。

虽然同学们渐渐忘记了这件事，但从那以后，小高总是特别在意自己和其他同学、朋友的“小鸡鸡”，如果发现谁的比他大，他就会郁闷，如果有比他还小的，就会偷偷暗喜，但过后又觉得自己的也不正常，并开始为此烦恼。

自己的“小鸡鸡”是大还是小，不仅只是例子中小高烦恼的事情，这可能是全世界的男性都会关心的问题。大多数发育完全的阴茎在勃起时大概有12～18厘米长，但具体的长度与种族、体质以及遗传等有关系。

在为自己的性器官是长是短发愁前，男孩不妨先来了解一下自己的生殖器官。

男性生殖器官分内外两部分。内生殖器包括睾丸、输精管和附属腺；外生殖器包括阴囊和阴茎。这些器官在青春期前发育非常缓慢，进入青春期后，开始迅速发育。

青春期开始，由于阴茎迅速增大增粗，包皮渐渐向后退而露出龟头。如果青春发育后包皮仍然包着龟头，需要翻动后才能露出龟头，医学上称之为包皮过长，如果不能翻出来，则称之为包茎，这就需要进行手术治疗了。另外，男孩在青春发育期间，包皮垢产生得较多，应特别注意保持个人卫生，以免引起龟头和包皮发炎。阴茎的主要功能是排尿、排精液和做爱，是进行性行为的主要器官。阴茎分为阴茎头、阴茎体和阴茎根三部分。阴茎头为阴茎前端的膨大部分，尖端生有尿道外口，头后稍细的部分叫阴茎颈。阴茎根藏在皮肤的深面，固定于耻骨下支和坐骨支上。根、颈之间的部分为阴茎体。阴茎由两个阴茎海绵体和一个尿道海绵体，外面包以筋膜和皮肤而构成。两个阴茎海绵体紧密结合，并列于阴茎的背侧部，前端嵌入阴茎头后面的凹窝中，后端分离，即阴茎根。

睾丸是男性生殖器最重要的一部分，是一对卵圆形的腺体。睾丸容积在青春期前仅大于婴儿期，不足3毫升，当男孩进入青春期后，睾丸会迅速发育，容积可达12毫升以上。睾丸的主要功能是产生精子和分泌雄性激素（睾酮）。前者与卵子结合而受精，是繁殖后代的重要物质基础，后者则是维持男性第二性征（副性征）的重要物质。睾丸位于阴囊内，左右各一个。睾丸还分泌雄性激素，因此睾丸既是生殖器官，也是内分泌器官。

阴囊像个皱巴巴的口袋，有保护睾丸的生精功能。由腹壁皮肤形成，颜色比周围皮肤要深。阴囊分左右两半，正中连接起来，左右两半囊里各有睾丸和附睾一个。

输精管具有很强的蠕动能力，主要功能是运输和排泄精子。输精管长约40厘米，从阴囊到外部皮下，再通过腹股沟管入腹腔和盆腔，在膀胱底的后面精囊腺的内侧，膨大形成输精管壶腹，其末端变细，与精囊腺的排泄管合成射精管。在射精时，交感神经末梢释放大量去甲肾上腺素物质，使输精管发生互相协调而有力的收缩，将精子迅速输往射精管和尿道中。前列腺是分泌精液的主要腺体，外形为栗子形，位于膀胱底部，内部有尿道前列腺部穿过。前列腺中有大量的平滑肌，较坚硬。前列腺的导管最后汇合成20～30条，开口于尿道前列腺部。

当男孩了解了这些男性生殖器官的知识后，才能正确看待自己进入青春期后的生理变化，也才能对自己的身体有个大致的了解，在发现身体开始发生变化后，不至于那么紧张和慌张。所以，男孩不必为这些知识而感到害羞和不安，只有清楚地了解自己的身体结构，才能更好地呵护自己的身体，正确对待自己身上的每一处变化。

## 雄性激素，男孩成长的神秘物质

小木是一名初中生，刚进入青春期的他，身体上逐渐出现了很多明显的变化。不仅说话声音变粗了，还长出了喉结和阴毛。

虽然小木知道这是青春期男孩都会有的生理变化，但他还是很纳闷，到底为什么人会在进入青春期后，发生这些变化呢？同样都是人类，为什么女孩和男孩的变化却如此不一致呢？难道就因为一个是男孩，一个是女孩，就会出现两种不同的身体变化？

小木经常思考这些问题，虽然觉得自己可能是在没事找事，但他还是很想知道这些问题的答案到底是什么。

这一天，他终于忍不住，把自己心中的疑问告诉了最好的朋友。

朋友听后笑道："原来你最近总是走神，是在为这种事情发愁啊，这有什么难理解的，因为咱们男孩的体内有雄性激素，而女孩体内的是雌性激素。在两种不同激素的作用下，当然会出现两种不同的生理变化。"

"雄性激素？那是什么东西？很重要吗？"小木问。

"雄性激素啊，是一种很神秘的物质，咱们男孩少了它，那可不行。"朋友对雄性激素也是一知半解，嘿嘿笑着敷衍了过去。

小木虽然解决了以前的疑问，但听了朋友的话后，又有了新的问题——雄激性素到底是什么呢？

雄性激素主要是由睾丸产生的，是促进青春期男孩发育的重要激素。男孩进入青春期后，睾丸就开始分泌雄性激素，帮助男孩生殖器官发育，促进第二性征的出现，并让男孩逐渐产生性欲。除了以上作用，雄性激素还能刺激食欲，促进蛋白质合成，减少尿氮排出。

雄性激素受脑垂体和下丘脑的调节，下丘脑、脑垂体及性腺激素之间存在相互联系、相互制约的复杂关系。它们一起参与控制和调节生殖活动，称为下丘脑—垂体—性腺轴，能刺激男孩性器官发育成熟，维持正常性欲，促进精子发育成熟，促进蛋白质的合成与骨骼肌的生长，使男孩的肌肉更加发达，而且，雄性激素还能抑制男孩体内脂肪的增加，刺激红细胞的生成和长骨的生长，促进男孩第二性征的形成。

正常情况下，男孩和女孩体内都有雄性激素，但是女孩体内的雄性激素要比男孩少得多。如果男孩在进入青春期之前或之后，患上了内分泌系统疾病，就会使睾丸功能受到损伤，导致性腺功能低下，使男孩第一性征或第二性征的成熟变得迟缓，表现为男孩生殖器官发育不全或性欲低下。如果男孩体内的雄性激素一直持续在较低的水平，那么当男孩成年后，也会出现性欲低下，甚至是完全丧失性欲的情况。

除了促进生殖器官的发育和蛋白质的合成，雄性激素还具有一定的造血功能。研究发现，较大剂量的雄性激素可以刺激骨髓的造血功能，特别是红细胞的生成。

# 第二章

## 青春期，男孩如何应对爱的萌动

青春期的男孩，总会对异性产生强烈的好感甚至爱意，男孩这种懵懵懂懂的情感是美好的和富有想象力的。他们在同异性交往中获得快乐的同时也会生出不少的烦恼。特别是过早踏入“爱河”的男孩，在品尝到爱的美好时也会体验到因矛盾、失恋等带来的苦涩。那么男孩应该如何看待青春期的情感变化，如何正确与异性相处呢？在本章中，我们会对男孩关心的几大情感问题进行详细的解读，希望对他们有所帮助。

## 你了解什么是爱情吗

王明是当地重点高中的高一学生，他不仅学习好，而且人长得也帅，很受同学们的欢迎。高一下半学期，他在学校的集体活动中结识了同一年级的女同学阿梅。刚开始，他们发现挺聊得来，慢慢在一起的时间就多了起来，甚至一起吃饭，晚自习放学王明还送阿梅回家。

只要有几天，没有见着对方，他们俩就心里空落落的。电话、短信越来越频繁。不久，王明发现自己很喜欢阿梅，而阿梅也很喜欢他。很快他们两人就陷入了热恋之中。初尝恋爱滋味的他们，只想着能和对方多相处一些时间，学习成绩双双下滑。当王明的父母知道了这件事情之后，很是生气，严厉地批评了王明，并禁止两人的往来，这引起了王明的反抗。

在和父母大吵之后，王明吼道："我们这是真挚的爱情，我们都爱着对方，这有什么错？"

"你还小，不懂什么是爱情，而且现在是学习应对高考的时候，不是谈恋爱的时候！"妈妈斥责道。

对母亲的话，王明十分不满：这不是小看人嘛？我们都很关心对方，爱着对方，为什么还说我不懂爱情？

王明的遭遇在中学男孩中是比较典型的一种。情窦初开的他们和心仪的女孩互生好感，逐渐发展为恋人关系，然后生活就开始以"两人世界”为中心了。理想、学习等都暂且退居次要地位。这让他们的家长和老师在焦急之余开始下手“棒打鸳鸯”了。其结果可想而知，男孩与父母的关系越来越僵，对老师更是不满，而两人的感情也因此生出波折，这些都让他们很苦恼、很困惑。

中学时代，尤其是高中时期的男孩，在生理上已经逐渐成熟，但是他们的心理和情感还远没有成熟，其三观（世界观、人生观、价值观）正在形成，社会阅历很少，对很多事物的看法还不成熟，甚至可以说，还处在“心理断奶期”。这就出现了这样一种情况：有了对异性亲近的生理和情感需求，但是并不了解自己真正需要的爱情是什么。如果男孩能够正确对待这种萌动的情感，那么它将成为其青春中美好回忆的一部分，如果处置不当，将成为苦涩的记忆，甚至会影响到其日后的人生之路。

在上例中，王明的妈妈在愤怒之下说出的“你还小，不懂什么是爱情”，这话虽然有些刺耳，但还是有道理的。在这个信息发达的社会里，男孩能轻而易举地接触到与“爱情”相关的很多信息，而对他们影响最大的莫过于那些与爱情相关的文学与影视作品了。在这些作品中，作家描写了各种美好的爱情，并且往往夸大爱情的某些迷人之处，在歌颂纯美忠贞的浪漫爱情时，也影响着青少年们的爱情观，让他们以为爱情就是人生唯一的目的，为了爱情可以抛弃一切，等等。因此，当青春期的爱情萌动与这些“爱情文化”相遇时，它们对青少年的影响是十分巨大的。作为男孩，即将在日后担当起家里“支柱”的男子汉，是不是应该对爱情多一些了解，多一些理性认知呢？

美国心理学家斯滕伯格教授在对“爱情”这个人类千年永恒的主题进行了长期研究后，于1988年提出了新的理论。他认为，在现实生活中，人类的爱情有着多变的特点。但无论如何变化，它都由动机、情绪和认知三部分构成。

爱情的动机，是指在爱情的各种表白和行为背后有着隐秘的原因，比如男孩喜欢哪一类的女孩，在其内心深处是有一定的“标准”的，皮肤白皙、爱笑的女孩，漂亮、温柔的女孩等就是“标准”。爱情的情绪，是指在爱情中除了爱和性需求外，往往还掺杂有其他的感情因素，使得爱情变得色彩斑斓，或者说是滋味复杂，有甜蜜也有苦恼。对爱情的认知，是指人对爱情的了解以及对自身情感的控制力。我们如果把动机看作电流，把情绪看为火花的话，认知就相当于控制器了，它能控制男孩对哪位女孩有好感，也能控制爱情的热度。

斯滕伯格教授还将爱情关系分为热情、亲密与承诺三种。他认为以动机为主的两性是热情的，以情绪为主的两性是亲密的，而以认知为主的两性是承诺的，三者兼有、融为一体的爱情才是最完美的爱情。因此，在男孩眼中奇妙的爱情其实是可以用科学去解释的，也只有了解它，才会理性地看待它，才会正确处理与它相关的事情。这是从科学角度分析爱情。

世界著名心理学家佛洛姆也对爱情有过深入的研究。他认为，真正的爱情需要相爱的两人做到以下四点：奉献、责任、尊重和理解。奉献是指能为自己心爱的人无私地奉献出自己的一切；责任是指能对爱人信守承诺；尊重是指尊重爱人的人格和意愿，当双方有矛盾时，不强迫对方顺从自己；理解是指双方能坦诚沟通，体谅对方，理解并支持对方的行为和决定。这四点看起来简单，其实都包含着深意，它们更是爱情的“测试标准”，只有真正相爱的人才能为对方做到这几点。

处在青春期中的男孩，和以前有了很大的不同。他们会更关注女孩，更会对符合内心爱情伴侣形象的女孩产生莫名的情愫，而且这种

感情比较容易变化，甚至会因心理的不成熟而出现“喜欢这个女孩，也喜欢那个女孩”的情况。他们的感情虽然说是纯洁的，但更是为了获得完整情感和独立人格而进行的无意识的探索。可以说，这时的男孩对爱情往往所知不多，恋爱行为带有一定的盲目和试验性质。因此，作为一名肩负亲人期望、胸怀远大理想的男子汉，更应该慎重对待青涩的“爱情之果”。

## 分清友情和爱情，坦然和女孩相处

王刚是高二的学生，他的性格比较活泼，为人豪爽大方，因此很得同学们的喜欢。同学们有什么问题都喜欢请他解决，他也很乐意为大家效劳。有一次，在公交车上，王刚发现同班同学刘云在前面坐，刚想上前打招呼，就发现有两个小偷利用人多拥挤的时候来到了刘云的身边，互相掩护着偷了刘云的手机和钱包。这时，刘云发现了他们的劣行，就斥责他们并追要自己的东西。

“你们把东西还给我，想偷东西吗？”刘云呵斥道。

“你哪只眼睛看到我们偷了，乱说话小心我们修理你！”一个小偷蛮横地说，还拿出折叠刀晃了晃。

他们的凶恶样子吓得刘云快哭了，但她依然不依不饶，车厢里周围的人大多不敢说话，怕惹麻烦。

这时，王刚挤了过来，把刘云掩护在身后，对两个小偷说：“我看到就是你们偷的，我已经报警了，你们赶快把东西拿出来，不然就等警察来了处理！”

小偷一听有些害怕，说了几句狠话后，把东西扔下，在最近的车站下车溜了。

刘云对王刚很是感激，从此他们成为无话不谈的好友，经常在一起聊天看书，渐渐地，周围有同学说他们在谈恋爱。王刚听后有些纳闷，“我们没有谈恋爱啊”，但仔细一想，自己还真对刘云有些说不清道不明的感觉。那么，他们之间到底是友情还是爱情呢？

在青春期中，男孩常常遇到这样的苦恼：自己和女同学相处挺好，互相帮助，做事还很有默契，都很欣赏和喜欢对方，王刚的遭遇就是典型的例子。

男孩在进入青春期后，大多与身边的女同学相处得很好。他们认为自己认可的女孩温柔、细心、有耐心，和她在一起很快乐，而对方也很欣赏自己的豪爽和大气，让自己得到了认同，也增加了自信。但是，男孩也常常分辨不出自己和对方是爱情还是友情，自然就会产生迷茫。那么，男孩应该如何对这二者进行区别呢？

对此，心理学家提出，它们在成分、基础、圈子、心态和心理满足度方面都有不同的表现，只要男孩在与对方的相处中，仔细观察，用心体会，就能正确判断你们之间属于哪类感情。

（1）主要成分不同。这是指爱情的支柱是感情，会在自己的心里把对方描绘得很完美，然后把这个形象加到对方身上，进而更加爱着对方。而友情的支柱是相互了解，你对对方有较为深入的了解，既明白他的优点还清楚他的缺点，在此基础上接受对方。

（2）基础不同。在友情中，双方是不论家世、不论相貌、不论学习成绩差异的，是平等相处的。在遇到事情的时候，一方会对另一方提出建议，会劝解对方，也会帮助对方，但双方仍是两个单独的个体。而爱情则不然，如果双方相爱，就会出现两颗心合二为一，双方的感情、精神世界也会成为一体，即人们通常说的“他们两个真是有夫妻相，动作、喜好、想法等都一样”。

（3）圈子不同。如果双方之间是友谊的话，双方会欢迎志同道合的其他朋友加入到自己的小圈子中，而且朋友多了会更开心更有趣，不会有反对的感觉。如果双方之间是爱情的话，就会产生独占心理，反对别人加入两人之中，只要出现这样的人，就会对他产生排斥感甚至认为是“第三者”插足，会想方设法避开这种“干扰”，只想过自己的二人世界。

（4）心态不同。友情的基础是信任。朋友之间真诚的友谊常常是历久弥新的，即使好久没有见面，再惦记对方，也不会出现着急不安的情绪，而是会主动和对方联系一下，表达一下关心即可，而且双方会在心里认为：这么久没见，我仍然是她（他）最好的朋友。爱情则不一样，处在“爱河”中的双方虽然也很肯定对方深爱自己，但还是会常常被莫名其妙的不安所笼罩。如果几天不见，就会在心里惴惴不安，很想马上知道对方是什么情况，而且还会出现患得患失的念头，生怕对方不爱自己，或对自己不满。

（5）心理满足度不同。当双方是朋友时，会对现在双方的友情比较满意。如果是恋人的话，感觉就会不一样了，在恋爱初期，双方对互相的感情程度比较满意，但过了一段时间后，就会不满足了，还希望能把感情更加深些，再过一段时间又会有类似的心理需求出现。

有了以上这些标准了，男孩就可以“对号入座”了，就能判断自己和对方是好朋友抑或是恋人了。一般情况下，在青春期，男孩和女孩的亲密关系一般是友谊居多，或者友谊为主但掺杂一丝丝的爱慕情愫在内。那么，在仔细剖析了自己的感情“性质”后，男孩应怎样与女孩相处呢？男孩只要做到以下这几点，就能避免模糊感情的困扰了。

首先，淡化对方的性别。在交往中，男孩应将男女一视同仁，不专注女孩，大方、诚恳地与对方交往，这样就能避免因性别不同而过于照顾女孩带来的不必要的感情烦恼。

其次，交际面应广泛。男孩在与人交往时，应注意不宜只与某位女孩交往，而是要落落大方地多与异性交往，这样既能增加自己的人际交往经验，又能在更广泛的视野中发现某位女孩的优缺点，从而与之理性交往。

最后，要把握交际的度。人与人之间特别是男孩和女孩之间要把握好交往的度，既不能过于靠近，也不能太疏远，这样能有效避免因太亲密引起的情感波动。

## 单相思是颗“无花果”

单相思，是指青年男女之间单方面的爱恋，即自己喜欢一个人，但是对方并不知道，只是自己一厢情愿的单方面的爱恋罢了。在青少年中，陷入单相思的人很多。当男孩对女孩心生好感，却因为种种原因而无法告知对方时，就会把对对方的好感藏在心里，逐渐陷入单相思的“恶果”中。为什么说单相思是“恶果”呢？虽说单相思是一种进入爱情的准备阶段，也是青少年都可能经历的一种心理状态，但过分的单相思会导致男孩心理失调，患上单思病。

文乐乐今年刚刚升入高中，是一个品学兼优的好学生，更是父母眼中的好儿子。但最近，文乐乐觉得自己开始恋爱了，确切地说，是他喜欢上了一个女孩子。

女孩是班里的学习委员，而作为班长的文乐乐自然和她接触的时间较多。以前，文乐乐从来没有多注意过女孩子，但现在经常和学习委员来往，让他意识到，原来女孩竟然有这么可爱，说话时声音甜甜的，一笑嘴角就会出现两个小酒窝，别提多漂亮了。

在文乐乐的眼中，学习委员就是世界上最漂亮的女孩子，是他的女神。但是学习委员对谁都很亲切，这让文乐乐不敢贸然地向她表白，只好把这份爱慕藏在心里。

一开始，文乐乐还能以正常的心态来面对学习委员，但随着心中累积的感情越来越深，他对学习委员的爱恋之情也更加深刻了。每天都想待在她的身边，和她说说话，当看到有其他男孩和她说话时，文乐乐就会很生气，恨不得上前把这男孩揍一顿。而且，他也会莫名其妙地生学习委员的气，觉得她不应该对谁都笑得那么甜，更不应该和体育代表走得那么近……

时间一长，文乐乐自己都受不了自己了，他痛苦地说道：“我一定是得了‘精神病’，没救了！”

单相思的感情是很热烈而真挚的，同时也十分的残酷和无情。尤其是刚刚进入青春期的男孩，在有了单相思时，更容易因为感情得不到回报，自己又无法开口而令情绪失控，出现失望、怨恨、自卑等不良情绪。男孩要知道，单相思是一件痛苦却又会让人欣喜的事情。一厢情愿的付出却等不来回报时，男孩会感觉烦恼，但因为种种原因，这种爱意始终没办法宣之于口。逐渐地，单相思就会变成暗恋，成为一种没有回报的爱，甚至被要求只求付出不求回报。这种感情是十分痛苦的，并不是青春期的男孩所能承受的。一般情况下，男孩并不会得到他所向往的爱情和暗恋对象，即使得到，发展也会很短暂。这不利于男孩形成正确的恋爱观和人生观，甚至还会因为这种思恋而引发悲剧。



“平生不会相思，才会相思，便害相思。”男孩小勇拿着一本课外书，发现了这样一句诗，觉得颇有感触，便低吟了起来。

越读，小勇越觉得这句诗是自己此刻心情的真实写照。他以前只知道和男孩一块玩，一块傻乐，从来不知道情为何物，直到遇到了那个名叫青儿的女孩，他竟害起了“相思病”。

相思是一件痛苦的事情，暗恋着青儿的心情每天都在折磨着小勇，让他吃不好，睡不好，学习时精力也无法集中。明知道这样下去会毁了自己，但他就是管不住那颗“心”，无法控制自己的情感，结果就越陷越深，对青儿的爱恋变得偏执。当看到她和其他男孩接触时，就会背着青儿，狠狠揍对方一顿。

但小勇害怕被拒绝，一直不敢向青儿告白。直到有一天，他得知青儿竟然交了个男朋友，这让他大受打击，每天精神恍惚，觉得生活很没意思。

在巨大的打击下，小勇想到了自杀。他想得到解脱，于是就匿名给青儿写了一封信，但又不敢把信寄出去，只好怀揣着这封情意绵绵的信，从学校的高楼上跳了下去……

害单相思的男孩通常毫无顾忌，眼里心里只有那个暗恋的女孩，并且带有很大的盲目性，因此很容易产生一些心理问题，导致严重的后果。就像上例中的小勇一样，因为无法承受心爱的女孩有了男朋友的事实，而选择了自杀，来获得精神上的解脱。

既然知道单相思的感情是无望的，男孩不如早日走出感情的旋涡，做一个快乐健康的人。

那么，男孩该如何走出单相思的感情误区呢？很多陷入单相思的男孩其实是很矛盾和痛苦的。他们知道这样的感情不会开花结果，却不知道该如何割舍这份感情。

其实，男孩在发现自己开始喜欢某个女孩时，就应客观地评价和重新定位两个人之间的关系。男孩要正确认识自己和对方的关系。你喜欢一个人，并不代表她也喜欢你。你们只是普通的同学或朋友关系，除此之外，没有任何的联系。当男孩了解到这一点后，再学会客观地去评价喜欢的女孩，不能只看到她的优点，还要看一看她的缺点。告诉自己，她并不是自己心目中的完美女神。要清楚地认识到，这段感情是不成熟的，是颗“无花果”，如果继续下去，只会让自己更加痛苦。

如果男孩还是不能放弃这份感情，可以试着远离女孩，让时间和空间慢慢淡化自己心中炙热的感情。要学会控制自己的行为和想法，一天少想对方一点，少和对方接触，让时间慢慢冲淡这份单相思的痛苦。男孩一旦下了决心，就不要为自己找借口去和对方接触，要学着多做一些有意义的事情，并把注意力多集中在学习上。这样才能慢慢走出单相思的痛苦，获得健康美丽的人生。

## “成人游戏”，男孩别乱玩

随着年龄的增长，步入青春期的男孩觉得自己不再是毛都没长齐的“毛头小伙子”了。男孩渐渐对异性和成人的世界产生了好奇心。当好奇心到了一定程度时，就会想玩一些“成人游戏”，以此来证明自己真的长大成人了。但是，这些“成人游戏”并不适合青春期的男孩。这不但不会让人感觉到男孩的成熟，还会觉得这男孩十分幼稚，甚至还会伤害到男孩和朋友之间的友情。

现在，很多男孩和女孩都喜欢互称“老公”、“老婆”，觉得这样，自己才变成了大人，而且也十分有趣，拉近了同学间的关系。但事实并非如此，当男孩和异性间的关系拉近时，男孩和同性间的关系可能却要闹僵了。

王福和吴力是铁哥们，经常在一起玩，上学也是在同一个学校，同一个班级里。两个人的感情别提有多好了，就跟亲兄弟一样。

最近，王福喜欢上了“老婆”、“老公”这样的昵称，就找到班上的女同学小柳，对她说：“你看他们几个关系那么好，天天都老公老婆的喊，咱们也互相这样称呼怎么样？”

小柳和王福的关系也不错，大家都是好朋友，所以就点头答应了下来。

王福马上拍着胸膛说：“老婆，走，晚上老公请你吃大餐，以后谁欺负你了，你告诉我，我来修理他们。”

“好啊，老公我要吃红烧肉。”小柳也嘻嘻笑着回应道。

从此以后，王福和小柳就开始以“老公”、“老婆”互称，王福觉得既然人家叫自己一声老公，自己就有了责任，得保护好她，而她也得优先考虑自己的事情，不能和别人走得太近，更不能在自己不知情的情况下和其他男孩子玩。

所以，当王福看到小柳说要和吴力一起去游乐场玩时，他就生气了。

王福站到两个人中间说：“小柳是我老婆，你不能约她出去玩。”

“只是去游乐场玩，又不是约会，再说，还有其他同学啊。”吴力解释道。

“我不管，我的老婆只能和我一起玩，要邀请，也是我来邀请，还轮不到你。”王福说。

吴力觉得他说得有点过分了，也生起气来，说：“你们又不是真的夫妻，也不是男女朋友，凭什么只能你来邀请，我就不行？我和小柳也是好朋友，你管得也太多了吧。小柳，我们走，别理他。”

说着，吴力就要拉小柳走。

王福见状，一拳砸在了吴力的脸上，吴力愣了一下，马上也开始回击，两个男孩就这样扭打在了一起。

小柳怎么劝，他们都不听，还是扭打在一起。

其他同学看到了，就笑了起来，说：“嘿，哥们儿，早恋了？为个女孩打架，值不值啊。”

小柳一听，脸上红了一片，瞪了他俩一眼，气呼呼地说：

“你们打吧，我哪也不去了，以后别和我说话。”

王福和吴力也打累了，你看看我，我看看你，心里都不服气。

从那以后，两个人一见面就跟仇人一样，不是打，就是骂。

昔日的好朋友、铁哥们儿，却被“老公”、“老婆”这样的无聊称呼而“拆散”，最后变得像仇人一样。不仅如此，类似于成年男女的称呼，容易让男孩迷失在感情的旋涡中，从而引发早恋等。

男孩要了解，“成人游戏”并不是一件有趣的事情，这样不但很滑稽，还会让男孩的心理过早成熟，让男孩以后在对待感情问题时可能不再认真，而是一直以游戏的态度来面对它们，对青春期男孩的身心发展十分不利。

有时候，男孩并不满足于这种口头上的“成人游戏”，还想亲一亲女孩，摸一摸女孩，但是这种想法却有可能为自己带来很多负面的影响，甚至还会被当成流氓，被人嘲笑和鄙视。

石磊和邻居家的小妹妹从小就在一起玩，今年，小妹妹终于长成大姑娘，考进了石磊上学的中学，爸爸妈妈就把一个艰巨的任务交给了他——接送小妹妹上下学。

石磊当然很乐意，因为小妹妹长得十分可爱，又会说话，每次都会“磊哥哥”、“磊哥哥”地叫他，听得他心里痒痒的。因为他最近一直觉得心里有种莫名的躁动，想找个女孩，玩一些“成人游戏”，比如，亲一亲，摸一摸，抱一抱……

而邻居家的小妹妹从小和他一起长大，他当然十分喜欢，如果是和她一起玩这个游戏，石磊十分乐意。

怀揣着这种不健康的思想，石磊开始了和小妹妹共同上下学的日子。但越接触，石磊那颗悸动的心也就越不安。

有一天晚上下晚自习后，石磊和小妹妹一块往家走，走到一条小胡同时，胡同口突然传来一阵奇怪的声音，两个人侧目一看，竟然是一对小情侣在亲吻。

石磊的脑子好像瞬间就炸开了，小妹妹拉他快点走，他一冲动，突然就抱住了小妹妹，低声说："妹妹，你喜不喜欢哥哥？让哥哥抱抱你，亲亲你好不好？"

"磊哥哥……哇，流氓！"啪的一声，小妹妹给了他一巴掌后哭着往家跑。

石磊瞬间清醒了过来，懊恼地捶着自己的头，不知道该怎么办才好。

男孩过早地尝试拥抱、亲吻等成人行为，只会给自己带来不良的影响，让自己背上心理负担，影响正常的学习和生活。青春期的男孩还太年轻，一切行为均来自于好奇心，并没有想过这样做的后果自己是否能承担。如果上例中的石磊真的做出了那些成人世界才会做的事情，那么当他"东窗事发"时，将会面临的心理压力可想而知。而男孩的人生经验尚浅，还不能与这种巨大的心理压力抗衡，在这种情况下，必然会影响到男孩正常的生活和学习，甚至还会让男孩产生厌世、轻生等想法，导致严重的不良后果。

所以，男孩一定要远离这些"成人游戏"，做事三思而后行，千万不要做出让自己后悔的事情。

## 早恋并不甜蜜，应理智应对

肖军在16岁的时候升入高中，开始了住校生活。在家里挺受宠的他，初入学校独立生活时什么都不会，处处需要同学的帮忙。作为一个男子汉却要接受同学的指点才会做好“家务”，让他比较苦闷。但是肖军的脾气很好，学习也不错，特别是英语是年级前几名，这让他还是顺利地融入了集体中。

即使这样，肖军有时心里还是有些烦恼，也有些孤独感。班上的女同学小莉经常向他请教英语，作为“回报”经常教他如何打理个人生活。聪颖而温柔的小莉也常常倾听肖军的诉说，并温言安慰他。时间长了，他们渐渐产生了情愫。肖军发现自己爱上了小莉，脑子里经常是她的一颦一笑，总希望两人能多一些时间在一起。在爱慕之心的驱使下，肖军的学习成绩开始下滑，注意力全放在了小莉身上。当其他男同学和小莉正常来往时，肖军发现自己非常嫉妒，还因此和同学闹过不愉快。小莉也对肖军产生了爱慕之情，在相处中她也为肖军的成绩下滑担心，多次劝他努力学习但收效甚微。

班主任和父母知道情况后，对肖军进行了多次劝说，甚至让他搬回家里住，但效果也不太理想。为此，他们对小莉也进行了劝告，小莉的父母也对小莉严厉批评，这些都让小莉感到委屈和苦恼。肖军更因此与老师和父母都产生了隔阂，导致家庭关系、师生关系出现紧张，和小莉之间也没有之前相处时的轻松快乐

了。两人在一起时常常为这些不如意的事情而烦闷，甚至争执拌嘴。为此，肖军不止一次地在心里想：难道我谈恋爱有错吗？怎么会有这么多的麻烦事儿呢？

年轻的肖军在升入高中后，开始了住校生活，在家比较娇惯的他在独立生活能力上比较差，再加上进入了新的环境，各种因素导致他心理上产生了孤独感，希望能有人陪他一起度过这段时光。而小莉恰巧出现在他的身边。在日久相处下，肖军对小莉产生了感情，这本是人之常情。青春期男孩本就有着得到异性的抚慰和亲近的心理需求，只是肖军的情况比较特殊，情感需求更为明显。但肖军没有处理好自己的感情问题，而是沉溺于爱情之中，导致成绩下滑，就是很不应该的。肖军的例子有一定的代表性：中学阶段的男孩，既有着渴望爱与被爱的需求，但是这时恋爱又往往得不到家人、学校和社会的认同，进而产生很多烦恼，他们到底应该怎么做呢？

青春期恋爱，是男孩走向成熟之路的第一个心理关口。这时的男孩是脱离家庭的怀抱，开始独立的关键时刻。这其中，感情独立就是很重要的一个环节，除此之外，还有社会阅历的丰富、经济的独立等，都会在以后的几年中陆续到来。即男孩在高中之后，度过大学阶段、开始工作，直至真正在社会上站稳脚跟、能养活自己，能对遇到的各种事情游刃有余地应对，才算是真正成熟了。在青春期，男孩在生理成熟的同时也在进行着心理独立——从精神上不再依靠父母，尝试与同龄人建立更为密切的关系，这时，自然会出现对异性的爱慕。但是，有了爱慕并不意味着对方就是你的“真命天女”，并不意味着就要谈恋爱，这是因为青春期的恋爱对男孩来说弊大于利。

这是因为，早恋是一朵不结果实的花儿，过早地摘取它，无论对男孩还是女孩来说，都会受到很大的伤害，甚至一生就会因此而改变。主要来说，早恋有以下几个方面的危害：

一是早恋严重影响男孩的学业和生活。有不少男孩认为，我们相爱，在一起共同学习反而会促进成绩的提高。其实这种观点是自欺欺人的。上面例子中的肖军就是很好的证明。虽然男孩或者恋爱双方在主观上都会认为恋爱不耽误学习，但实际上处于青春期的他们自控力本就比较弱，一旦陷入爱河之中，感情就会放在对方的身上，自然会影响学习。

二是早恋会使男孩的感情受到伤害。青春期的男孩和女孩在心理上都不成熟，对自己感情的把握并不清晰，阅历也较浅，往往容易产生误解和矛盾，甚至因为其中一方的“移情别恋”而发生悲剧性后果。

三是早恋容易让男孩出现性过错。恋爱中的男孩比较容易冲动，在性意识的驱使下难以把控自己，会出现偷尝禁果的现象。这时，如果不懂得避孕常识，会造成女方怀孕，最后往往以流产而告终。这其中，男孩虽然在一时尝到了性的欢愉，但心理上会有很重的负担：担心行为曝光，担心周围人的舆论，更对因怀孕带来的一系列麻烦而担忧。这些问题一旦出现，就会对男孩的心理造成很大的影响，甚至影响到其日后的感情生活。

四是早恋对双方家庭会有很大的伤害。人们经常从媒体上看到，有的学生因早恋问题而与家庭出现矛盾离家出走，甚至自杀自残等极端的事情也屡有发生。当男孩或女孩因早恋而做出傻事时，他们伤害的不仅仅是自己和对方，还有双方的父母亲人，甚至双方家庭因孩子早恋而出现纷争甚至命案的悲剧。

因此，作为男孩，应该冷静地看待自己并不成熟的爱情，做出理智的应对。

## 网络爱情，缺乏可信度

欧阳是济南一中的学生，学习成绩很好，去年还参加奥赛得了奖，不但受到了学校老师的表扬，还得到了父母的重奖——一套高配置的台式电脑和一个时尚的苹果手机。欧阳的父亲是当地的一个成功的商人，母亲也有自己的设计室，虽然家里经济条件很好，但父母并没有宠着他，而是鼓励他积极上进。从小就很听话的欧阳也明白父母的心，并没有养成奢侈、纨绔的不良习气，反而在学校一直学习都很努力。

这次，奥赛获奖后，欧阳得到了他梦寐已久的礼物，暑假里，不喜欢运动的他开始畅快地玩起了网游，父母也为他这么省心而高兴。

在网游中，欧阳结识了不少朋友，他为自己能在短时间内认识到这么多的朋友而高兴。他特别和一个名叫燕子的女孩聊得来。只要上线就会聊大半天，在对方下线时他还常常有意犹未尽的感觉。随着聊天的深入，他更进一步地“了解”了女孩的情况。原来她有着悲惨的身世，和欧阳同龄的她因为家里经济条件差而不得不放弃了学业，只身来到大城市打工养家。性格有些内向的她不善于和周围的人交流，繁忙的工作之余，玩玩《劲舞团》就是她最大的乐趣和减压方式了。在视频聊天中，长相清秀的燕子跟欧阳讲心里话，讲到开心处，燕子咯咯直笑，欧阳海也跟着高兴。当燕子讲发生在身边的不愉快的事情时，看着她流泪的双眸，欧阳的心像是被刺痛了，很想多给她一些帮助。

一个多月后，欧阳在网上向燕子求爱了，不久燕子扭捏着答应了。初恋中的欧阳为了减轻自己女朋友的负担，时不时地把自己积攒的零花钱都给她寄了去，在燕子的感激中他像是找到了自己的价值。随后的日子，两人的联系越加密切，但每当欧阳说去看她时，她总以路途远、学业为重劝他以后再来。这令欧阳更加感动。燕子在体贴地关心欧阳时，更经常讲到自己家庭的困难，父母长期重病，爷爷住院……在爱情的魔力下，善良的欧阳一次次给燕子汇去款，数额也逐渐增多。当他的积蓄用完后，又用种种理由从父母那拿了一万多元给燕子汇去了。

渐渐地，父母发现儿子欧阳有些不对劲，和他进行了深入交流后才知道了事情的原委：原来自己的儿子居然在网上和人谈恋爱了。父母告诉欧阳那个女孩很可能是骗子，但他并不相信，还因此和父母吵了起来。

无奈中，父母只好报警。当警察来到欧阳家，听了介绍后，也很赞同欧阳父母的判断。于是，他们通过技术手段锁定了燕子的地址，最终在千里之外找到了这个人。面对警察的询问，燕子才坦诚自己已经25岁，好逸恶劳的她用编造悲惨家世的方法骗了好几个涉世未深的男孩的钱了，总额在10万元以上。

得知真相后，欧阳非常伤心和自责。在父母和警察的开解下，他终于明白了一个道理：网络世界不等于现实生活，稍有不慎就会上当受骗。感情，更不能在网上谈。

年轻的欧阳在无意中落入了燕子的爱情“陷阱”，他不仅付出

了真情，还损失了钱财。幸亏父母发现了他的不对劲，并当机立断报警，及时阻止了钱财的进一步损失，也把欧阳从网恋中拯救出来。否则，时间一长，他在感情上受到的伤害更深，这十分不利于青春期男孩的健康成长。

网恋，就是在网络上结识异性进而发生的恋情，这种新的恋爱方式在很多男孩眼中有着神秘、新奇的特点。殊不知，在它迷人的外衣下有着重重危险，社会阅历不深的男孩稍有不慎，就会受到伤害。据心理学家分析，青春期男孩迷恋于网恋主要有以下几个原因：

（1）对网恋的好奇心理。青春期不但是男孩身体快速发育的时候，也是学习新事物的最佳时期。他们对身边一切新鲜事物都有着较强的探索欲望。网恋正是伴随网络而出现的一种新恋爱形式，正符合男孩喜欢浪漫、神秘的心理，再加上周围同龄人的带动作用，对他们的吸引力自然很强。而且，网络把传统的年轻人交友的空间范围扩大了无数倍，让他们可以通过网络和世界各地的人沟通。这带来的新奇感和刺激更令男孩着迷，很希望能在网上遇到自己心目中最理想的女孩。

（2）性意识与现实的矛盾所致。青春期阶段，男孩的生理发育很快，性器官趋于成熟，与性有关的意识开始苏醒。由此带来的是对异性的关注增多，希望能亲近女孩，更希望能得到女孩的青睐和倾慕。但是，这时候他们正处于中学阶段，学习任务繁重，学校和家庭乃至社会都对早恋持批评态度，加上社交面较窄，使男孩性意识的心理需求和现实出现冲突。他们将心理需求转移到网络交友上，通过这一较为隐蔽的方式宣泄内心需要。

（3）摆脱孤独感的需要。据教育专家调查发现，有过网恋经历的男孩中，性格内向或偏内向的男孩占多数，这也说明，这类男孩平常的朋友较少，甚至不会与人特别是女孩打交道，但是内心仍然希望自己能有朋友陪伴，而网络仅仅是通过打字、视频就能交到朋友，比现实中的社交简单方便许多，因此，他们会更加喜欢用网络的手段交友，以此排遣心中的孤独和寂寞。

了解了男孩网恋的原因之后，应该如何做才能避免受到网恋的伤害呢？

（1）正确认识爱情，拒绝网恋。美好的爱情是每一个男孩都渴望拥有的，要相信自己在未来一定会拥有甜蜜的爱情，而不是现在。建议男孩在有空时可以自己静静地思考"我想要的是什么样的爱情"，"我心目中的爱人是什么样的"，等等。在不断的自问中，就会发现每隔一段时间自己的答案就会有所变化，这是男孩在逐渐地完善自己的爱情观，在内心深处寻找真正的爱的定义所致。因此，在男孩的答案还没有完全确定时，是不是可以先将网恋放一放呢？

（2）增加对网络的客观认识，防止上当受骗。男孩应该明白，善于保护自己的合法权益才是男人成熟的标志。可以多看看网恋诈骗、网络骗局等与互联网有关的犯罪新闻和警方的分析提示，从中发现骗子的行骗手法。在和网友的交往中，要保持警惕性，对对方提出的财务索取也要敢于说不，并注意在网络上保护好自己的私人信息，遇到可疑情况要及时报警。

（3）放下鼠标，融入集体中。喜欢上网的男孩，应该尝试提高自己的自控能力，有限制地上网。比如在学习之余，可以为自己定下"一天上网半小时"、"不和陌生人过多聊天"等规矩，然后遵行。要知道，人们还是要在现实中生活的，网络再迷人，毕竟还是虚拟的，因此，就要在放下鼠标的同时，积极加入同学们的集体活动，在与同学的交往中提高自己的"人气"。

# 失恋不失志才是真的男子汉

人们知道，中学时代对男孩来说很重要，他们不仅要承受繁重的学习压力，寻找自己的理想，为日后走入社会打下坚实的基础，同时，他们还要应对各种情感的烦恼，其中就有如何应对青涩的恋情以及理智对待失恋的问题。虽然中学不是谈恋爱的最佳时期，但仍有不少男孩禁不住内心的渴望和对美好爱情的向往而坠入爱河，在初尝爱情甜蜜的同时，自然也避免不了面对失恋、分手的痛苦。由于心理尚未成熟，对爱情了解得并不深刻，有些男孩在失恋后会做出一些不理智的举动，甚至对自己、对曾经爱过的人、对双方的家长都造成伤害。

2012年的春节刚过，在浙江湖州审判了一件因失恋而纵火的案件。据人民网报道，湖州一名高中生杨某因女友坚决提出分手，在伤心痛苦下竟然对女孩产生了强烈的恨意，并决定要报复这个女孩。

在2011年的9月份，杨某的女友就因感情不和提出要分手，但是杨某没有答应，而是一直纠缠女方，后来女孩对他的这种行为很厌恶，就果断地拒绝和他来往。某个周末的晚上，杨某又去女孩家找她并打算向她借钱去玩乐。但是女孩不在家，和同学出去玩了，这让杨某十分不满，心想：“你不和我约会，反倒和别人出去玩，我一定要收拾你。”

在嫉恨心理的趋使下，等到深夜女孩家人都休息后，杨某偷偷撬开窗户进入女方家。他从厨房拿出了食用油，然后直奔一楼大厅女孩的钢琴而去，他把油泼在钢琴和其他家具上，然后用打火机点着后逃跑了。在逃跑时，他用力摔门惊醒了女孩家人。女孩家人惊醒后，被浓烟和火苗吓坏了，赶忙报警灭火，慌乱中，女孩家人还受了伤。

大火被扑灭后，女孩家受损失不少，也有人受伤，很快，警察就将杨某抓获。他对自己的犯罪行为供认不讳。法院在审判时，认为杨某因私欲而故意放火焚烧他人家产，虽然没有造成恶劣的后果，但是已经构成纵火罪。考虑到杨某未满18岁，被捕后能深刻反省，积极赔偿被害人并得到了谅解，对其处以有期徒刑3年、缓刑3年的判决。

案例中的杨某因恋人提出分手而记恨在心，一再纠缠无果后，在情绪失控下恶向胆边生，竟然在女方家纵火泄愤，幸亏他还残存一丝理智，在逃离现场时弄出动静惊醒了熟睡中的人。否则很可能造成人员重大伤亡的悲剧。也正是因此，法院在审理这件案件时，依照教育为主、惩罚为辅的原则，对其进行了从轻判决。但是，杨某毕竟触犯了法律，年纪轻轻就因偏激行为而受到处罚。这对于正处于高中时代，正值青春烂漫年纪的他，乃是人生中相当沉重的一次打击。

这个年龄段的男孩心理尚未成熟，对自己情绪的掌控能力较差，遇到较大的挫折时，情绪智力较低的他们往往会采取极端的方式以平衡心中的不满。也是在2011年，还有一个类似的案件引起了社会的强烈反响。

在安徽省合肥市，16岁少年陶××因女友周××提出分手，纠缠无果后，于9月17日闯入周××家，将打火机油淋在了周××身上，企图点火烧死周××，在周家人的尽力扑救下，花季少女周××虽然被救出一命，但是全身被重度烧伤，一生被毁掉。陶××也被判刑12年，并面临高额民事赔偿。陶××及其家人也被社会舆论批评。

陶××一时的冲动，毁了两个年轻人的人生，毁了两个家庭。可见，男孩如何看待恋情，如何理性对待恋爱中的坎坷，如何理智对待分手和失恋，是一件非常重要的事情。也许有的男孩有这样的疑问：什么样的人会因情感问题而行为冲动偏激呢？

挫败心理较强的男孩。男孩往往将恋爱看得很美好，总希望两个人的爱情能够按着自己希望的轨迹发展，但是由于恋爱双方都是未成年人，心智不成熟，难免会出现诸多的摩擦和矛盾，甚至在相处中发现性格不和，女方提出分手。这让男孩产生了严重的挫败感，认为这是自己人生中的一次大的失败，甚至认为女方提出分手让他在同龄人中颜面尽失。因此，就会产生“你让我痛苦，我也让你不好过”的报复想法。在某件事的刺激下，男孩在失去理智时，就可能做出冲动的行为，给自己和对方造成伤害。

自卑、性格强势的男孩往往容易做事冲动。性格不同的男孩在遇到同样的问题时，做出的反应往往大相径庭。据心理学家分析，那些内心比较自卑的男孩，在遇到感情挫折时往往显得更脆弱，受到的打击更深，也容易做出不理智的举动，而平时比较自我、刚愎自用的男孩，在面临分手的结局时，也会因失望、愤怒或女孩不听自己的话而行事冲动。相反，性格豁达、乐观的男孩，则在失恋时很少做出出格的事情，并且能很快走出感情失败的阴影。

人们了解了因失恋时不理智而出现的悲剧事件，以及对双方家庭带来的伤害，也知道了哪种性格的男孩遇挫时容易出现偏激行为，那么，在日常生活中，男孩在面临恋人分手时，应该如何做才能更好地抚慰自己的心灵，尽快走出失恋的阴影呢？

一是勇于接受失恋的事实。很多男孩在失恋后，都会觉得自己一生的幸福失去了，以后生活也没有色彩了，不愿接受这个事实。于是，越痛苦越舍不得这段感情就越走不出这个情感的“泥沼”，在痛苦之中越陷越深，甚至因此产生心理问题或过激行为。对此，男孩应该这样鼓励自己：“作为一个男子汉，我能面对各种危险和困难，我也能勇敢面对失恋的痛苦！”而越是尽早勇敢面对和接受这个事实，男孩就越能早日摆脱痛苦。

二是采用移情法应对感情失败。在失恋时，男孩不宜沉湎在痛苦中而无所作为，应该坚强起来，转移自己的感情重心并尽量将注意力集中在新事物上面。当然，这个新的事物不是让男孩开展一段新的恋情，而是把精力用在自己喜欢的事情上，如打篮球、踢足球、绘画，等等。或者强迫自己去继续读书学习，把自己的学习和娱乐生活安排得尽量满一些，这样就没有时间去痛苦和留恋以前的感情了。

三是反思自身，加强对自己情绪的调控能力。男孩在失恋后感到万分痛苦的一个重要原因就是自己原本的期望没有达到，在现实和期望之间落差太大以至于有些接受不了。例如男孩希望心爱的女孩能和自己共度一生，但是没有考虑到两人是否真的脾性相合，没有考虑到女孩的意愿和人生规划，在两人相处中出现矛盾，当双方分手时，男孩就会发现自己那浪漫的爱情之梦破灭了。失恋后，如果男孩能够对自己以往的想法进行反思，慢慢就会发现自己以前的想法和做法有很

多不现实的地方。这时，男孩应认真看待自己的情绪波动，采取多种措施提高自己的情绪掌控能力。如允许采用适当的方式发泄自己的不良情绪，但是要给自己设定发泄的限度，例如可以打沙袋，甚至可以把自己关在屋里扔一些饮料瓶子等无用的杂物，但是不能因此去攻击他人。又如，男孩还可以从身边的小事做起，告诉自己遇事要冷静，发火前先让自己独处，深呼吸 5 分钟，这时就会发现自己恼火的事情其实没有那么糟糕，逐渐就能宽容地看待人和处事。

四是要增强自己的自信心。男孩在失恋后往往会感觉自己是一个无用的人，恋爱都谈不成功，很严重地打击了自己的自信心，严重者甚至会怀疑周围的人在嘲笑自己。其实，人生在世，无论是谁都会遇到感情的波澜，差别无非是波折出现在青春期还是成人后。男孩如果为此而怀疑自己的能力，进而否定自己，那他真是做了一件很蠢笨的事情了。俗话说：恋爱中的人往往是愚蠢的。意思就是说，恋爱中的人往往因对美好爱情的追求，把自己爱的人看得完美无缺，理想化看待自己的感情生活，因此往往忽视了其中存在的种种问题，导致往日的聪明才智被埋没，人也变得“愚蠢”了。对此，男孩要这样看待自己：虽然分手了，这次的恋爱失败了，但是不等于自己其他方面也很差，不等于自己做其他事情也会失败。自己在英语、数学等方面还是很强的，自己有很好的人缘，朋友很多，大家都会支持我的，等等。建议男孩在失恋后，请要好的朋友为自己做个“诊断”，让他们从旁观者的角度客观地评价自己，找出自己的优势和特长，并在以后的日子里尽量将自己的精力用在加强这些特长上。相信如果男孩这么做的话，很快就会发现自己的成果，这将极大地提高自己的自信心，有助于摆脱失恋的阴影，重新享受美好的青春人生。

# 第三章

# 不要羞涩，男孩应了解的性常识

男孩在青春期，都会出现对性和异性非常感兴趣的现象。他们渴望了解自己和异性的生理，希望亲近异性，更希望能得到异性的青睐乃至爱慕。但很多男孩在这个时期，没有把握好与异性交往的度，从而出现很多对性的误解甚至悲剧。在本章中，我们将对男孩关心的性话题逐一详解，帮助男孩走出性心理误区。

## 面对自慰，不惊慌亦不迷恋

王晓明是初二的学生，学习成绩是班上的前几名，还经常参加体育运动，也很愿意帮助同学。在老师、同学和家长的眼中，他就是一个标准的好学生。大家都认为他能考上本市的重点高中。在进入初三后，王晓明的成绩略有下降，学习劲头也不是那么足了，以往爱笑的他变得有些沉默了。这是怎么回事呢？原来，这一段时间以来，王晓明的心中一直像有块大石头一样压着。一次，他从其他男孩那里偶然看到了“黄书”，从未接触过这类东西的他顿时“震惊”了。在好奇心的驱使下，他找了不少非法出版的色情杂志看，还学会了在网上“翻墙”浏览国外的色情网站。看得越多，他内心就越痒痒，常常偷偷自慰。在品尝到自慰的快乐的同时，他常常感到精神疲惫，对学习、生活、交际等以往喜欢的事情都不感兴趣了。但是，他又抗拒不了自慰带来的快乐，这让他陷入了深深的自责和担忧。“我这是学坏了”、“这很伤身体的，是不是会损耗尽我的元气呢？”

王晓明的经历在青春期男孩中很有代表性，不少男孩在这个时期内有了性意识和性冲动。在没有性伴侣的情况下，大多会尝试自慰，但又感觉惭愧和不安，甚至成为一些男孩的“思想包袱”。那么，男孩应该如何正确看待这种比较私密的行为呢?

自慰主要是指男性在性冲动时用手或其他物品自我发泄性欲的行

为，在过去称为手淫。

在20世纪30年代，我国的心理学家曾对北平的几所大中学校的300多名男学生进行了调查，发现自慰是青春期男孩极常见的性活动。在调查的人群中，有86%的人自述有过自慰经历。剩余14%的人自称从没有过自慰行为，但专家认为其回答不一定完全可信，因为那时的社会风气比较保守，即使是在新式教育的西式学校中，大多数男孩也羞于讲述自己的隐私行为。另外，前几年，国内有心理学专家在某中学进行过调查，数据显示有90%以上的男孩有过自慰的行为，而且他们的自慰起始年龄在12～16岁之间。这与男孩性生理趋于成熟，开始遗精的时间比较吻合。

据相关专家介绍，自慰其实在人们的儿童期就存在了，那时大多是偶发性地抚弄自己的生殖器官、双腿夹紧被褥等，以获得性刺激快感。但是，那时的儿童年龄较小，生理发育不成熟，不会得到性高潮，也没有形成习惯性的自慰行为。只是到了青春期后，人的生理、心理发展很快，自然产生了正常的性的需求。在20世纪中期，男孩的自慰还被看作是“不洁的”、“堕落的”行为，无论是西方的基督教还是东方的传统观念，都对自慰抱以反对的态度，并提出了“自慰伤身”的种种说法。至今还有不少人群对自慰持有这样的观点。

后来，科学研究证明，这些传统观点是不正确的。正常的性欲是人类最基本的生理需求，在人从青春期性成熟到结婚，这中间一般有七八年的时间，而这段时间人们尤其是男孩的性需求正是最高时期，而释放性欲的一个最安全简便的方法就是自慰。

1991年6月，第十届世界性科学大会在阿姆斯特丹召开，参加会议的58个国家的800多位学者一致认为：自慰以前被认为是一种病态，但现在认为是无害、甚至是健康的行为。如果某人有性问题，恰恰是那些不能自慰的人！

此后，西方的医学研究机构对人的自慰行为进行了大量的实验，结果证明自慰并不会导致人生理、心理的异常，也不会引起性功能障碍。自慰反而是治疗某些性功能障碍（如性冷淡、早泄、阳痿等）的有效方法之一。

专家认为，对于男性，尤其是青春期男孩来说，清洁的自慰行为有以下益处。首先，自慰是个体的自我性安慰行为，没有与异性接触，自然不会被传染任何性病，是释放性压力最安全的方式。其次，自慰避免了男孩在性压抑极强时对异性的性犯罪，能够避免因性而产生的不道德和犯罪行为。最后，自慰还能有效缓解心理压力，并保持男孩的性机能的正常发育。

当然，万事有利就有弊。适度的自慰有利于调节男孩的生理和心理状态，而过度自慰对男孩也有一定的危害。主要是过度自慰能导致男孩的中枢神经系统衰弱，出现意志消沉、记忆力减退、注意力不集中、理解力下降、失眠、多梦、头昏、心悸等问题；导致出现泌尿生殖系统疾病，如慢性前列腺炎、尿频、腰酸无力、性欲减退、阳痿、早泄、不射精等情况。

因此，男孩在生活中既要科学看待自慰行为，走出错误的观念误区，不能因此而产生自卑、下流等心理，也不能放纵自己的欲望，而应合理控制这种行为。具体来说，可以采取以下几个措施将这种行为控制在合理的范围内。

重视学习，不能因此荒废学业。男孩应以平常心看待自慰这种正常的性生理需求，不能过于重视它，明白它只是在目前一段时间内有较强欲望的生理需求，只是个正常生理现象，成年后自慰行为自然会大幅度下降。因此，它不能成为自己生活中的重心，更不能影响自己

的前途，自己应将重心放在学习上，为了自己的人生理想而奋斗。

将生活丰富多样化。青春期男孩本就精力旺盛，而天天学习不能完全化解掉过剩的精力，因此，男孩可培养自己多方面的兴趣，让自己的生活丰富多彩起来。不断有新奇的事情吸引自己的注意力，不但能消耗精力还能让男孩暂时忘掉性需求，有效避免自慰形成习惯。

拒绝色情信息的侵蚀。一般来说，男孩正常的性需求释放后，在生理上平静较长一段时间，心理上也不会过多地去“惦记”这件事儿。但是，如果男孩经常接触不良信息，在色情文章和视频的刺激下，性需求就会被频繁唤醒，致使自慰行为经常出现。因此，男孩应有意识地拒绝这些不良信息，以免受到过多的刺激。

## 有了性幻想和性梦，就一定是坏孩子吗

肖扬升入高中后，他发现自己在学习之余对异性更为关注了，更喜欢欣赏周围的女同学，对漂亮的女同学更有好感，也希望能多和她们交流。其中，肖扬尤其更喜欢邻班的一个女同学小丽。小丽瓜子脸，齐肩发，特别爱笑，一笑起来脸上两个小酒窝，很是可爱迷人。由于是邻班，肖扬经常能见到小丽，有时候他们还见面打个招呼，每次说过话后肖扬就很激动。后来，他希望能天天见到小丽，在睡觉前还常常想入非非。他躺在床上，就会想起小丽的样子，很想亲近她，去亲吻她、抚摸她，甚至在睡着后，他有时还会梦到和小丽欢好的场面。肖扬觉得这样是对小丽的不尊重，感觉自己的心里有些不健康，又控制不了自己的这

些性幻想和性梦的出现，这让他很是苦恼，见到小丽时就有些心虚的感觉。

肖扬的经历并不是个例，它有着普遍性。在很多青春期男孩的成长历程中，都会出现对异性特别是自己喜欢的异性的性幻想和性梦，这让他们常常不知所措。有的男孩还会为此而苦恼，甚至会影响到正常的学习和生活。其实，男孩对此不必过于担忧，性幻想和性梦是他们性心理活动的重要内容。

性幻想是指人把在生活中接触到的与性相关的文字、图片、视频等信息，通过自己大脑的想象进行重新组合，虚构出自己与异性的性爱活动，以此方式满足自己在心理上对性的好奇和需求。性幻想常常在男孩睡前以及睡醒后出现。据专家介绍，性幻想并不是在青春期后才出现的，而是男孩在幼年时就会有，只是那时的性幻想中“性”的特点并不突出，往往和其他事物混合在一起。男孩随着年龄的增长和接触信息的增多，这方面的幻想就会将“性”越来越突出，而且性器官也会随之兴奋。男孩出现性幻想的原因，主要是对异性的好奇和迷恋，在幻想时常有情绪投入，比如会有一种“得偿所愿”的满足感，类似于“阿Q”心理。

性幻想是男孩生理发育到一定阶段就会自然出现的正常现象，只是因每个人的性格、阅历、习惯、环境等不同，幻想的内容、频率也会不同。研究发现，性幻想对男孩有这样的益处：缓解性冲动。男孩由于年龄和各种条件所限制，其心理需求在现实生活中得不到满足，而性幻想则能帮男孩有效缓解性冲动。能加强男孩对性的体验和感受。性幻想虽然是没有实质性行为的现象，但是它能给男孩以较强的性刺激感，激发他们对性的精神层次的满足以及对美好爱情的向往，

有一定的理想主义色彩，这对男孩来说其实是件好事。

性梦，顾名思义是在睡眠中出现的与性有关的梦境。男孩常常会梦到自己与异性发生亲密关系，它并不神秘，其实是男孩的另一种与性有关的生理和心理现象。据西方心理学专家调查发现，所有的男性都做过性梦，其中15～30岁之间的男性做性梦的频率最高。心理学家还强调，无论做过什么样的性梦，都和做梦的人的道德品质没有任何关系，即做过性梦的人不等于就是不道德的。这是因为性梦是人的一种无意识的表现，它是不可控的，不以人的意志为转移。人们也都知道性梦毕竟也只是梦而已，是不会按照梦境一样去为人处世的。

在睡梦中，男孩的大脑处于放松和休息状态，不像清醒时那样有意识的“监督”，因此，男孩在现实生活中的自我约束与“监督”就会放松很多，会在梦中出现很多的比较直接的性行为等。与性幻想一样，性梦也能有效缓解男孩在现实中的性需求和性冲动，减少其心理压力，有利于其正常的生活。

需要注意的是，无论性幻想或性梦，它们都是虚幻的、没有约束的性心理活动。男孩不必去追求实现“梦”，更不宜为此而烦恼。另外，男孩也不能因为它们都是属于“想象的东西”，不受法律约束而没有节制地沉迷其中，过度的性幻想会让男孩忽视现实的生活，导致自闭、内向等社交障碍出现，不利于男孩的健康成长。日常中，为了避免频繁出现性幻想和性梦，男孩应注意不要接触含有大量性内容的信息，不要结交不良朋友，以免被带上邪路。

## 对婚前性行为大胆说“不”

赵天是初三的学生，本来学习很好的他，近期总有些心不在焉，原来他喜欢上了班上的一位名叫王艳的女孩。都是住校生的他们本是在学习上互助，后来两人挺谈得来，相处起来很愉快，渐渐地从互生好感发展为爱慕之情。确立恋爱关系后，两人更是形影不离。不久之后，两人就在半是好奇半是冲动下偷尝了“禁果”。此后一段时间更是沉迷于其中，但很快，王艳怀孕了。这个消息如同晴天霹雳般惊呆了二人，对孕育不了解的他们非常惊慌。后来，在同学的建议下，他们借钱偷偷去堕胎，一番折腾下来，麻烦事是解决了，但是王艳的身体也受到了很大损害。在医生的讲解下，赵天才明白原来性行为不是随便就能做的。婚前性行为是对自己对爱人的不负责任。看着虚弱无助的王艳，赵天心中万分地后悔。

2001年，北京曾有机构针对青少年婚前性行为进行了调查。调查发现，有47.2%的中学生对婚前性行为是认可的。他们认为只要两情相悦就可以谈恋爱，也可以进行性接触和性生活。其中有13%的学生认为一见钟情或一夜情也是能够接受的。由此可见，上面事例中赵天的经历并不是孤立的事情，而是带有一定的普遍性。而这又是多么可怕的事情啊！为什么有那么的中学生对婚前性行为持认可态度呢？

据心理学家分析，不良文化影响、从众心理和自控力弱是导致青少年出现婚前性行为的三个重要原因。不良文化影响，主要是指在如今开放的社会环境下，有关性开放的不良文化大量渗入国内，尤其是以青少年为主要消费群体的文学、影视、动漫等文化产品，有很多是通过网络传播进来的，对青少年尤其是男孩的思想产生了很大的负面影响。从众心理是指当男孩看到身边的同学、朋友也在谈恋爱、吃“禁果”时，自己不这么做好像就很“土”很“落后”。在这些“榜样”的“示范”下，也会从保守逐渐转向开放。自控力弱是指男孩虽然在生理上逐渐成熟，但是心理自控能力还较差，面对心爱的女孩往往难以抑制自己的性冲动，最终出现性行为乃至意外怀孕等情况。具体来说，婚前性行为给男孩带来哪些危害呢?

给女孩带来心理和生理双重伤害。在恋爱中，大多数偷尝禁果的行为是男孩主动要求的，而这种行为虽然能给双方带来片刻的欢愉，但是会给女孩带来更大的心理压力。出于传统观念，女孩虽然认可了与男孩的越轨行为，但这毕竟不是一件光荣的事情，仍要尽量遮遮掩掩。一旦行为败露，女孩会承担更大的舆论压力，这对男孩来说是很不负责任的体现。此外，因婚前性行为而导致女孩怀孕，则会给女孩带来更大的生理伤害，严重者会导致女孩不育，直接影响其以后的幸福生活。

给感情生活增加烦恼。男孩与女孩一旦越过性行为那条红线，双方的关系在比以前更亲密的同时，也会产生更多的问题。女孩把身体交给男孩后，大多会产生“我已经是他的人了”的想法，更要求和男孩天长地久地相处下去，而处在青春期的少男少女，其感情往往是不稳定、多变的，有了肌肤之亲后，双方就会对对方产生更大的占有欲。当感情发生变化时，就会产生更多的矛盾，甚至导致悲剧的发生。

使男孩丧失上进心。在恋爱中，因生理基础所致，与女孩相比，男孩的性冲动更强烈、目的性更强，即更希望通过性活动来达到释放性需求的压力。而男孩处在青春期，初尝禁果的甜蜜后对性诱惑的抵抗力和对自身的控制力都较低，很容易沉迷在性爱中而无暇顾及其他。这就直接影响男孩的学业，严重者会影响其人生发展之路。

因此，作为成长中的小男子汉，男孩应担负其关爱女性的责任，更何况你要关心的是你所爱的人呢？如果男孩认为谈论结婚的事情还太早，不知道自己是否能和对方牵手踏进婚姻的神圣殿堂，那么就不要与对方发生婚前性行为。如果男孩知道现在自己没有能力娶对方为妻，不能给对方幸福生活，或者干脆就不想与对方结婚，那么就不要发生婚前性行为。为了自己的一己之念而与女孩发生性关系又不为此负责任，这与流氓有什么分别呢？为了美好的爱情，为了双方的前途，请对婚前性行为说“不”吧，这不是落后的表现，而是男人真正负责任的体现！

## 洁身自好才能更好地预防性病

小天在初中时开始了自慰，并且一发而不可收，最终形
了习惯，频繁时有时他每天都有这种行为。上了高一时
自己小便时有些不舒服：排尿不畅，而且伴有刺痛
次尿不完的感觉。难道是染上了性病？这个念
但他把自己的情况和公共厕所中张贴的“
照了下，发现还真是性病的症状。

恨、痛苦、纠结中度过的。后来，他实在忍受不了这种精神的折磨，就咬咬牙去医院检查了。检查后，医生告诉他，他患的是前列腺炎而非性病，只要按时用药调理，避免自慰，就能逐渐康复。同时，医生还告诉他什么是性病、如何预防性病等常识，让他放下了心中的负担，对如何预防性病也有了了解。

小天由于对性病缺少了解，在感觉身体状况不对时，盲目与街头小广告对比，结果给自己白白增添了不少心理负担，闹出了不大不小的笑话。但他最后鼓起勇气去医院检查的决定是正确的。这让他避免了“病急乱投医”而耽误病情，甚至被诊断错误的可能后果。通过这件事，也让他对性病有了正确的认知，有助于他以后洁身自好，更好地保护自己。不过，从这个事例中，人们也可以看出男孩对性知识，特别是性病相关知识缺少了解。虽然性病看似与青春期男孩距离很远，但是多加了解，有利于他们预防危险的性行为，减少受性病侵害的风险。

从世界各国范围来看，性病易感人群正在从性工作者、吸毒人群渐渐向普通人，尤其是青少年群体蔓延。2007年，英国健康保护署表示，由于感染性病的青少年越来越多，英国新增性病患者人数达到新高。当年新增性病患者397990人，有一半患者的年龄在16～24岁之间。其中，16～19岁的男孩患梅毒人数增加了25%，女孩增加了20%。

据美国疾病预防控制中心的统计数据显示，在1987年至2006年的20年间，每10万人中，患尖锐湿疣的人数从50.8例上升到了347.8例，仅2000年，新增患病人群中，15～24岁之间的患者就有910万人。

2010年，据新西兰权威研究报告“性病在新西兰：2010年度监控报告”介绍，衣原体感染是全国最常见的性病，平均每10万人的化验阳性为782人，其中化验部门70%的患者是年龄在15～24岁间的青少年。而且，这种感染趋势从2006年以来一直呈上升趋势。

而在我国，青少年特别是男孩患有性病的情况虽然没有西方国家那么严重，但是也在不断增长，主要原因是男孩在没有采用防护措施情况下进行性行为而感染的。比如，在年轻人中流行的一夜情、色情场所、同性恋行为，等等，都有可能感染性病。男孩一旦禁不住生理的冲动而出现性行为，就有极大可能感染性病。因此，男孩应在日常中就对性病及其预防措施进行全面的了解。

性病是性传播疾病的简称，是以性接触为主要传播方式的一组疾病，包括多种不同的疾病。性病不仅能引起泌尿生殖器官的病变，还能通过血液遍布全身，引起其他组织和器官的病变。

国家卫生部制定的《性病防治管理办法》中指定的性病主要包括：艾滋病、淋病、梅毒、软下疳、性病性淋巴肉芽肿、非淋菌性尿道炎、尖锐湿疣、生殖器疱疹等。

它们共分为四级：

一级性病是艾滋病，目前尚无治愈的有效方法，堪称是绝症；二级性病包括梅毒、淋病、软下疳、性病性淋巴肉芽肿、腹股沟肉芽肿、非淋菌性尿道炎、性病性衣原体病、泌尿生殖道支原体病等；三级性病包括尖锐湿疣、生殖器疱疹、阴部念珠菌病、传染性软疣、阴部单纯疱疹等；四级性病包括梨形鞭毛虫病、分枝杆菌病、阿米巴病、沙门氏菌病、志贺氏菌病等。

性病对男孩生育能力有以下几方面的影响：性病能影响精液的质量，导致不育。引起泌尿生殖道以及前列腺和附睾的重复感染进而影响生育。其中，前列腺炎可致射精管水肿，受压引起梗阻；附睾炎可造成输精管道水肿，甚至梗阻及相邻睾丸实质的萎缩。此外，淋病、

梅毒、性病性淋巴肉芽肿等均很难治愈，容易留下后遗症或出现并发症。

一般来说，在人们与患病者进行性接触或其他亲密接触时，容易被传染性病。即使是有安全防护，也有很大的可能性被传染性病。据专家介绍，感染性病的主要途径有以下几种。

性接触传染：在性病患者中，通过性接触传染的人群比例占到95%以上，包括性交、热烈的接吻、体肤接触的拥抱。

间接接触传染：凡是性病患者使用过的衣服、被褥、物品、用品、用具、便器、马桶和浴巾等均可能被病人的分泌物污染而带上病菌，与性病患者密切生活在一起的健康人，当轻微的伤口接触到这些沾有病原菌的物品时，就很容易被感染。此外，公共卫生间的使用人群比较复杂，性病患者使用过坐式马桶后，会在马桶圈上留下皮屑、体液等，如果没有彻底消毒就很容易传染给下一位使用者。因此，男孩应尽量不要使用坐式马桶，以免被传染性病。

血源性传染：有些性病病程较长，体内虽感染有病原体但是没有临床表现，如处在潜伏期的梅毒、艾滋病感染者等，如果其他患者输入了由他们提供的血液或血液制品，就会被传染。

另外，还有胎盘感染和产道感染，主要是在孕妇和胎儿之间出现的传染。

# 第四章

## 纠正不良性格，做个心理健全的好男孩

青春期的男孩，应该是率真无邪的，应该朝气蓬勃，每天都充满活力，和自己的“好哥们儿”一起谈天说地，放飞心情。但有时候，男孩也会出现一些比较“阴暗”的一面，嫉妒、抑郁、焦虑、暴躁……这些不良心理让男孩的性格变得扭曲，不能正确地看待自己、朋友以及这个社会。如何才能让男孩远离这些不良的心理，做个人格健全的好男孩呢？相信各位男孩看完本章的内容，就会有所感悟了。

# 嫉妒让“兄弟”反目成仇

意意和凡凡是从小玩到大的好哥们、好朋友，他们虽然不是亲兄弟，却一直比亲兄弟还要亲。每天一块上下学，有了好吃的好玩的，也总会想着对方。但就是这样要好的一对朋友，最近却发生了180度大转弯。两个人一见面就像仇人一样，让人搞不明白到底发生了什么事。

后来才知道，意意和凡凡一块报了一个学习班，结果意意在比赛中获了奖，但凡凡却没有。看着意意拿着奖杯，受人瞩目的样子，凡凡竟然嫉妒起自己的好哥们来，尤其是看到他受到老师的表扬，家长的赞美，凡凡的心里更不好受了。

回到家后，凡凡妈妈责问他：“为什么意意就能获得奖杯，而你就空手而归了呢，我看你以后也别上什么学习班了，花钱还不长知识。”

面对妈妈的挖苦，凡凡把心中的怒火和不满全发泄到了意意身上。

第二天凡凡一看到意意，就没有像以往那样主动和意意打招呼，而是冲着他冷冷哼了一声，仰着头一副十分不服气的样子。

意意自然感觉到了来自凡凡的“敌意”，也开始不和凡凡说话了。

其他同学发现了他们的异样，就问凡凡：“为什么总是针对意意呢？”

凡凡对此也十分苦恼。他说：“其实我也不想这样的，可我一看见他的身影，就会感觉有股无名火无处发泄，甚至有时候还会想爆揍他一顿，我怎么会做出这些难以理解的事情呢。”

同学摇了摇头说：“哎，听说女孩嫉妒心强，没想到男孩嫉妒起来，也十分可怕啊。”

嫉妒，并非女孩的专利。青春期的男孩有时候也会因为同伴的成绩超过自己，或者同一件事，朋友受到了表扬，而自己却挨了批评而对朋友产生嫉妒心理。故事中的凡凡就是如此，对从小玩到大的好哥们产生了强烈的嫉妒心。因为凡凡看到意意获奖后那么“风光”，而自己却面对的是妈妈的挖苦，这让他的内心产生了极度的不平衡感，甚至还产生了一些过激的想法，想要揍意意一顿。幸好，凡凡并没有将这种过激想法放大，否则，只会做出伤人害己的举动来。

男孩要知道，嫉妒才是你真正的“敌人”。它不仅毁掉了你和朋友之间的珍贵友谊，还能毁掉你自己，只要稍不留意，就会让你掉入万丈深渊之中。但嫉妒也是青春期男孩很正常的心理反应。一般情况下，男孩所表现出来的嫉妒心理只是轻度的，这几乎是所有从青春期走出来的人都曾有过的情绪。男孩要正确看待自己的心理变化，不要谈“妒”色变，也不要因此而丧失积极乐观的生活态度。

事实上，嫉妒是分积极和消极两种的。积极的嫉妒可以让男孩产生努力前进的动力，会让男孩想方设法地努力赶超嫉妒的对象，和对方比着学习、更用功地学习。这是一种很好的激励方式。但消极的嫉妒正好相反，不仅能销蚀男孩的意志力，还会让男孩产生一些极端的想法，无法控制地做出一些过分的事情。比如，莫名其妙地揍对方一顿、暗中使坏给对方设置陷阱等。

而且，在青春期的男孩身上，嫉妒还是产生暴力行为的主要原因之一。当男孩妒火强烈时，就会失去理智，对嫉妒的对象产生极度的仇恨心理，在这种心理的作用下，男孩可能会以暴力的方式报复对方，引发严重的后果。



小史在小学一直是学习委员，但升入初中后，老师在竞选学习委员时竟然点了另一位男同学的名字，直接忽视了他举起的手。这让小史对那位男同学怀恨在心，总想揍他一顿出口恶气。

这一天，小史终于找到了机会。老师让学习委员代表全班去看望一位生病住院的同学，小史偷偷跟在了学习委员的后面，等他拐到一个没人的小巷时，小史随手从地上拎起一件东西，就朝学习委员的头上砸了过去。

小史本来是想教训一下他，但没想到抓到手里的竟然是一块结实的板砖，这一砖头砸下去，学习委员马上流出了满头的鲜血，小史瞬间吓愣了，不知道该做何反应。直到有人路过帮忙叫了救护车，他还没反应过来，一切就像是做了一场梦一样。

结果，小史虽然为自己出了口恶气，但却付出了惨痛的代价，不仅赔偿了学习委员一大笔医药费，还受到了学校的记过处分，悔时已晚。

嫉妒是一个恶魔，它随时都有可能出现，趁机钻进青春期少男的心，让男孩做出很多极端的事情。男孩该如何杜绝嫉妒心理呢？

男孩要了解友情的重要性，虽说有句俗话叫“不打不相识”，但男孩更要知道团结和合作的重要性。男孩要了解，人和人之间是有差别的，不能只从一个角度去拿自己和他人分析比较，要了解自己的优

缺点，并正确看待它们。明白竞争和嫉妒的区别，真诚地吸收朋友身上的优点，逐渐改正自己身上的缺点。积极的嫉妒可以有，但不能让嫉妒蒙蔽了自己的心，让自己失去理智，做出一些不可挽回的错事。

## 妈妈为什么变成了“家佣”

小明课间休息的时候，突然有同学喊他：“小明，你妈妈来学校找你了，就在校门口。”

小明听到同学的话后，愣住了，随即就有些不开心了。为什么呢？因为小明的妈妈是某公司的清洁工，每天不是打扫厕所卫生就是扫地拖地。小明总嫌妈妈一身的寒酸样，身上总有股子臭味，怕同学们知道他的妈妈是清洁工后嘲笑他，看不起他。

小明低着头跑到校门口，看到门口站着的果然是自己的妈妈，正在拿着黑乎乎的破布擦着身上的泥点子。一看就让人觉得丢人。

“你来干吗？”一开口，小明就是埋怨的口气。妈妈笑着说：“你今天不是说要买新的参考书吗？妈妈上班的时候，有同事家的孩子比你高一年级，正好有几本参考书还是新的，没用过，我就给你送过来了，你看看，用不用得上……”

看着妈妈为能省那么十几块钱而高兴成这样，小明心里就更生气了，他说：“我才不用你从垃圾堆里捡回来的东西。”

妈妈愣住了，小明看也不看，扭头就跑回了教室。

同学见他脸色不太好，就问：“你妈妈来找你干吗？是不是家里有什么事？”

“不，不是的，她不是我妈妈，只是我家的清洁工人，我爸妈让她来给我送点东西。”

“哦……”同学没再继续问下去。

小明怕他不信，想起兜里有前两天刚拿到的这个月的生活费，就对同学们说：“看，这是今天我妈刚给我的零花钱，说让我随便吃，随便喝，走，今天我请客，请你们吃好吃的去。”

“真的？你请客？”

“我请客。”小明扬扬得意地说。

“对了，你有多少零花钱，先借我一点。”有个同学过来问他。

“我也没数过，反正没钱了就和爸妈要，他们肯定给。”小明撒谎道：“你借多少？不够了我再回家和爸妈要。”

“我就是想买本书，你家里一定很有钱吧，出手真阔绰。”同学羡慕地说。

小明没说话，却满足地昂起了头。同时他也在想着，今天回家后，该编个什么样的谎话，继续向父母要钱。

青春期的男孩和女孩一样，同样会有虚荣心，但男孩更在乎的是自己的“江湖地位”，不想让同学和朋友看不起自己，因此才产生了虚荣心。虽然有虚荣心并不是什么极大的坏事，但却能勾起人们心中的欲望，让男孩在虚荣心的作用下，做出很多坏事。比如，说谎、偷窃等。

就像上例中的小明一样，其实他家里并没有那么多的钱供他挥霍，但他为了满足自己的虚荣心，让自己在同学间有“面子”和地

位，所以就假装自己家很富有，甚至连妈妈都不认了，向同学说“那是我家的清洁工”。这样的话，多么伤父母的心啊。

男孩要知道，虚荣就好比是肥皂水吹出的泡沫，虽然在阳光下能映出七彩的光芒，但泡沫终究只是泡沫，总有破裂的那一刻，“啪”的一声，男孩的“七彩梦”就会碎裂。这时候你所拥有的，并非成功，只有伤心和难过，当然，更多的则应该是惭愧。

那么到底什么是虚荣心呢?

虚荣心其实是自尊心过重的表现，虚荣心与自尊心有很大的关系，当一个人自尊自爱时，他会散发出耀眼的光芒，但他自尊心过重时，就会导致虚荣心的产生。虚荣心重的人，会借用外在、表面的荣耀来照亮他自己，以此获得他期盼的那些所谓的被人尊重和关注。

虚荣心是男孩成长过程中的绊脚石，让男孩把更多的注意力和心思用在了如何让自己“发光发亮”这件事情上，而忽略了青春期男孩应该做的重要事情——学习。青春期的男孩都还是学生，本职工作就是学习，不只是学习课本上的知识，还应该学习如何正确地与人交往，摆正自己的心态等生活常识。但因为受到中国人“爱面子”的传统观念的影响，男孩把更多的目光转移到了如何让自己在同学和朋友间有“脸面”，从而增长了自己的虚荣心。

有句俗语说“打肿脸充胖子”，其实就是这个道理。除此以外，男孩自卑、自私的心理也容易导致虚荣心的产生。再拿上例中的小明来说，他其实就有点自卑心理。因为自己的家庭比较贫穷，再加上父母不体面的工作，让他产生了自卑心理，为了不让同学知道他的真实情况，小明才说谎，并拿父母的辛苦钱来“讨好”同学，为自己挣足“面子”。

其实，男孩肯定也在为自己的虚荣心而感到惭愧和不安，但如何摒弃它，也是男孩很烦恼的事情。要完全远离虚荣心是不太现实的事情。每个人或多或少，都会有点虚荣心的，这是很正常的，但虚荣心过重，就是一种扭曲的心理了。男孩应把握好这个度，多从社会价值评判自己，不要只考虑个人利益和得失。另外，男孩还要正确地认识自己的优缺点，对自己要有一个客观的评价，既不妄自菲薄，也不能夜郎自大。用积极乐观的心态去面对他人对自己的评价，不要总是在意他人的言论，要"走自己的路，让别人说去吧"！

## 盲目追星，害人不浅

小刚班里有很多女同学都是"追星族"，小刚听她们讲得很有意思，也开始关注起明星的事情，就在这个时候，一个很有"型"的武打明星进入了小刚的视线。他觉得这个明星的拳脚功夫真的很棒，而且每部电影里的武打片段听说都是真实的打斗，这让小刚十分佩服。

以前，小刚十分佩服博学多识的语文老师，但现在，他每次看到语文老师都觉得很失望，为什么都是成年男人，差距却如此之大呢？

原来，语文老师因为缺乏锻炼，体格比较差，一点也没有男子汉气概。

有一天，小刚忍不住对语文老师说："老师，你学那么多知识有什么用？还不是和傻帽一样。"

"为什么？"老师也不生气，反问道。

“你知道我偶像的生日吗？知道他今天穿了什么样的衣服，又示范了什么样的武打动作吗？”

语文老师摇摇头说：“不知道。”

“这还不够傻？”小刚像看白痴一样看了眼老师，暗哼一声就跑开了。

老师无奈地笑了笑，心想现在的孩子这都是怎么了？难道评价一个人是聪明还是傻，首先要知道这些明星的八卦事情吗？

后来，小刚觉得明星离现实太遥远，不如找个“江湖大哥”当自己的偶像，还能真的教自己几手功夫呢。

正好学校里有位高年级的男孩，听说是武学世家，打架十分厉害。小刚就把这位高年级的学生当成了心中的偶像，每天跟在偶像身后，当他的小兄弟。久而久之，小刚身边又聚集了几位男同学，不多不少，正好四个人。当时《流星花园》正在热播，小刚便提议：“咱们也组成一个F4吧。”

就这样，以高年级男孩为首的新校园F4就这样诞生了。小刚每天跟在偶像的身边，武功没学着，打架的本事倒长了不少。但他并不觉得打架有什么不好，还为自己能不被欺负而沾沾自喜。

对于青春期的男孩来说，偶像崇拜常带有盲目性。这是因为处于这个时期的男孩判断力和认知能力还不成熟，对偶像的认识只是片面和盲目的，很容易因此而带来种种危害，甚至酿成悲剧。

对于自己喜欢的偶像，男孩不仅会观看他的每一部电视，收听他的每一首歌，关注他的一举一动，还会疯狂地购买关于偶像的一切衍生品，收集偶像们的资料，把大把的时间和精力浪费在这些明星、偶像身上，经常会把学习和现实生活抛到一边，眼睛里只有偶像的身影。

不仅如此，有些男孩在追星的过程中，还会做出一些极端的行为，比如为了偶像而离家出走，甚至是自杀。

事实上，追星在青少年中已经成了一种独特的现象。男孩经常把追星作为追求时尚的主要手段，希望自己在追星的过程中能赶上时代的潮流，不被同学和朋友嘲笑落伍。当男孩有了偶像后，就可以向朋友和同学们炫耀，并刻意地模仿明星们的语言和行为，收集明星的各种“小道消息”，以此来提高自己在朋友圈中的地位，彰显自己的能力。

另外，如今的社会处在一个快节奏的竞争时代，男孩在学习和生活中经常感觉到很大的压力，而忽略了自己内心真正需要的东西，因此，为了让自己内心的情感有所依托，男孩便走上了追星的道路。处在这个时期的男孩内心敏感，情绪波动较大，当他们无法和他人诉说自己的心事时，就会心情压抑，而在追逐明星的时候，这种压抑感会得到适当的释放。而且，明星们演唱的歌曲和表演的影视作品中，有不少歌曲和内容正好符合了男孩压抑的心理，引起了男孩的共鸣，让男孩觉得自己找到了知音，便一头扎进了追星的大潮中。

那么，追星真的不对吗？非也。在每一个时代，都会有人追星，只不过不同的时代，男孩所追求的偶像不同罢了，这是每个男孩都会经历的心路历程。

但是，男孩在追星的时候，如果能把偶像作为自己奋斗的目标，学习偶像的优点，摒弃偶像的缺点，将盲目地崇拜改为向往和自我激励，那么，追星也是一件好事。男孩要把握好自己追星的尺度，不能盲目，不能失去自我。而且，崇拜偶像不能只看明星的外表和一两件事，还要从整体了解自己的偶像是什么样的人，追求真正值得向往的

目标才行。男孩要增强自己的判断能力和识知能力，要知道，明星是人，普通人也是人。每个人也都有自己的人生价值，完全没有必要从其他人身上找寻慰藉。男孩要找到适合自己的奋斗之路，并脚踏实地，一点一点获得成功，远离追星所带来的不良影响和危害。

## 遇事要冷静，切勿焦虑不安

小肖马上就要考试了，但最近他一直忙着踢足球，根本没有复习功课。面对着考试的压力，小肖总是坐立不安，显得非常焦虑。

父母见他总是一副无精打采的样子，就问他发生了什么事，结果反而让他更加觉得不安起来，害怕父母知道实情后，会训斥他，也更担心自己因为没有复习的原因，考试失利。

后来，父母虽然不知道他为什么经常焦虑不安，但还是把他叫到身边，问他：“儿子，你最近怎么了？很没精神啊。”

小肖沉默良久，还是决定不把实情说出来。

之后，他赶紧跑回房间，本来想赶紧写完作业，然后复习功课的，结果他刚在作业本上写了一个字，就又想起了复习的事情，精神没办法集中，整个人显得十分焦虑不安，手心和额头还渐渐渗出了冷汗。

“儿子，你到底怎么了？是不是身体不舒服？”爸爸刚才一直不放心，就来小肖的房间看看情况，谁知道看到儿子满头冷汗，吓了一大跳。

小肖这才回过神来，原来自己又焦虑过度了，想了想，他这才对爸爸说出自己根本没有复习功课，十分担心的事情。

爸爸想了想，并没有骂他，而是说：“不管怎么说，这样的事实已经无法更改了，你现在要做的，除了用仅剩下的时间认真复习功课以后，还要学着让自己冷静一点，要做到遇事不惊、不恼、不急。”

“这样就可以了？”

“对，不管遇到什么事情，先试着让自己平静下来，如果还是焦虑不安，可以试着深呼吸几次看看。先让自己的情绪冷静下来，静下心来弥补自己的错误，除此之外，你没有其他方法可以解决，不是吗？”

“好像有些道理。”听了爸爸的话后，小肖认真想了很久，最后终于郑重地点了点头。说道：“爸爸，谢谢你，我现在就去复习功课，不再浪费有限的时间了。”

男孩在为某些事情感到焦虑不安的时候，可以试着用一下小肖爸爸的方法，让自己先冷静下来，深呼吸，通过呼吸来改善自己的情绪，让自己的情绪慢慢平静下来，不再感到不安和恐惧。

可能男孩会感到疑惑，焦虑到底是什么样的一种情绪呢？我觉得坐立难安就是焦虑吗？除了坐立不安，焦虑还包含着紧张、忧虑、恐惧等感情，当这些感情全部交织在一起时，男孩就会处于焦虑状态，无法平静地学习和生活。

焦虑可以出现在男孩遭受挫折的时候，也可能没有明显的诱因，但会让男孩感到紧张、不愉快，甚至痛苦和难以自制，并可能伴有大祸临头的恐惧感。表现为惶惶不安、坐立不安、精神紧张以及心悸、

气急、出汗、四肢发冷等表现。严重的时候，男孩还有可能表现出恐惧心理，对即将面临的事情感到十分害怕。

不过，当焦虑不安的症状比较严重时，男孩很可能患上焦虑症。焦虑症的发生和遗传因素、个性特点、不良事件等都有一定的关系。这些内外因素会导致人体内分泌系统出现紊乱，从而造成焦虑症的各种表现。一般情况下，焦虑症分为广泛性焦虑和惊恐发作以及恐惧症三类。

广泛性焦虑症没有明显的诱因，但男孩通常会出现过分担心、紧张害怕的情绪，而这些紧张害怕的原因却很莫名其妙，有时候甚至没有任何原因地感到紧张和害怕。另外，表现为广泛性焦虑症的男孩还可能出现头晕、胸闷、心慌、呼吸急促、口干、尿频、尿急、出汗等症状。

惊恐发作又称为急性焦虑发作。当人周围没有任何会感到恐惧的事物时，男孩却突然出现极端恐惧的紧张心理，并伴有濒死感或失控感时，就有可能是惊恐发作了。惊恐发作时，人们还常感到胸闷、心慌、呼吸困难、出汗、全身发抖等。

第三种是恐惧症，包括社交恐怖、环境恐怖等。虽然和惊恐发作一样，都属于急性焦虑症的一种，但恐惧症的焦虑发作是由某些特定的场所所引起的。当男孩处于这些场所时，才会感到焦虑不安，一旦离开，就会恢复正常。有些男孩不敢待在人多的地方，否则就会焦虑不安，感到害怕。而有些男孩是乘坐交通工具时，才会感到焦虑。

当出现上面所说的比较严重的焦虑症时，男孩就应借助医学的力量来解决自己心理上的问题了。除此以外，还可以借助一些心理暗示，或者其他的方法来纠正自己的焦虑症。比如，进行放松训练。

放松训练就是通过身体放松而达到心理放松，解决焦虑、紧张等问题。常用的方法有深呼吸法和暗示法。

当男孩感到焦虑不安时，可以先闭上眼睛，慢慢深呼吸几次，让自己的情绪冷静下来，达到身心放松的目的。暗示法就是当你在感到紧张不安时，尽量想一些开心的事情，让自己不要过度紧张，可以闭上双眼，全身放松，不停地对自己暗示说："我不紧张"、"放松，我要放松"等。不用多久，男孩就会惊喜地发现，自己的情绪慢慢地平复了，刚才的紧张感已经一扫而光。



## 放松心情，赶走抑郁

最近，小羊每天都觉得生活很没有意思，学习也提不起精神来，连平时最喜欢看的漫画书也不爱看了。

而且，小羊还变得不喜欢和人交谈，就连爸爸妈妈和他说话，他也是低着头"嗯"一声，表示听到了，不愿再多说一个字。

小羊的好朋友觉得他最近很不对劲，就问他："小羊，听说你家里发生了一些事情，对你没有影响吧？"

原来，小羊的父母最近总吵架，还吵着要离婚，小羊被夹在中间，一直觉得很烦闷。

小羊摇了摇头，不愿开口。

"那你最近怎么了？心里有话别憋着，我们不是好朋友吗？有什么困难及时告诉我，我会帮助你的。"朋友说。

小羊听后，点了点头。

过了几天，小羊突然找到朋友，很痛苦地说："我觉得人活着太没意思了，真不如死了算了。"

朋友吓了一跳，连忙说："小羊，你不会是得了抑郁症吧。"

"抑郁症？那是什么？不管是什么，反正都和我无关，活着太无聊了。"小羊低着头，边说边走。

心理学认为，抑郁症是一种由多种原因引起的常见的心境障碍。当青春期的男孩患上抑郁症后，会表现得情绪低落，对什么事都不感兴趣，不愿与人多交谈，严重时，还会产生自杀的想法和行为，对青少年的成长十分不利。

虽然抑郁症的主要发病因尚不明确，但经过研究发现，它和遗传、社会环境等有一定的关系。有调查显示，患病者血缘关系越近，患病概率越高。当男孩在成长过程中遇到一些重大事件或长期生活在不愉快的环境下时，也有可能导致抑郁症的产生。

轻度抑郁症少年常感到闷闷不乐，无愉快感，凡事缺乏兴趣，对学习也提不起劲，怎么也高兴不起来；重度抑郁症少年会对生活感到绝望，悲观厌世，常感觉度日如年、生不如死。而且，抑郁症还有晨重夜轻的规律，早晨情绪低落的比较严重，晚上则会减轻。

力力前几天刚发现患上了抑郁症，一家人急得到处找心理医生咨询怎么治疗这个病，怎么也不知道他为什么会得这种心理疾病。

力力平时是个寡言少语的男孩，虽然总是低着头走路，显得有些腼腆，但家人总觉得还不至于会得上这种心理疾病，到底问题的症结在哪呢?

力力也为此感到很苦恼，他也不知道为什么自己得了轻度的抑郁症。

“难道抑郁症和我性格内向有关系？”力力不禁自问。

力力不太清楚这两者的关系，只记得当时心理医生说过，是因为他的性格过于内向，心里的郁结难以抒发，才导致抑郁症的产生。

原来，力力在生活中几乎没有朋友，心里有话也不知道向谁说，总是显得很沉闷，大部分时间情绪都比较低落，喜欢发呆，对什么事都打不起精神来。

而且最近他总是和自己生闷气，觉得生活越来越没意思，偶尔还会有轻生的念头。这些反常的举动引起了力力家人的注意，这才带着他去看了心理医生，得知他患上了轻度的抑郁症。

抑郁症和男孩的性格有很大的关系。内向的男孩患抑郁症的可能性会大大增加。因为内向的男孩经常把自己封闭在自我的世界中，难以与现实中的人正常交往。平时也沉默寡言，心里有事不向他人倾诉，这就让男孩的心理压力过于沉重，导致了抑郁症的发生。而且，性格内向的男孩内心世界敏感且脆弱，性格比较软弱，当在生活中遇到挫折时，常表现得很无助、手足无措，找不到可以帮忙的人，也不愿意和他人诉说自己心里的苦闷，时间一长，自然而然地患上了抑郁症。

那么，男孩该如何远离抑郁症的危害呢?

首先，男孩要让自己的心情放松下来。抑郁症的产生多与压力过大、家庭不和等有关，属于心理疾病。而当男孩面对这些压力无法排解时，就有可能变得内向、沉默寡言，增加产生抑郁症的概率。所以，男孩应该多让自己深呼吸，尤其是感到压力大的时候，要尝试着让自己放松心情，经常保持愉悦的精神状态，听听音乐，广交好友，适当地远足等，都是不错的放松心情的好方法。

其次，男孩要培养自己一切向前看的积极人生态度，不要用敷衍的态度面对生活中的挫折和困难，要用乐观的眼光看待问题，让自己的眼睛始终盯着前方。即便是暂时解决不了的难题，也不要颓废不前，要相信自己的能力，积极地面对困难，找出解决方法。这样才能让笑容回到自己的脸上，不给抑郁以可乘之机。

男孩还要学会改变自己的思维模式，不要小看思维模式对自己心境的影响，过于死板的思维方式只会让男孩在遇到挫折的时候，害怕退缩，更加紧闭自己的心扉，不愿意和他人交谈，不敢面对问题，因此性格变得越来越消极，没有向前冲的勇气和动力。所以，男孩要让自己的思维方式更积极向上一点，也可以学着进行自我暗示，凡事往好处想，天塌下来，还有地撑着呢，一两个小小的挫折，无须惧怕。

## 暴躁易怒，别让自己的性格如此偏激

这一天，小北想让爸爸妈妈给他买一套衣服，结果他刚提出来，妈妈就否决了他。

小北不问为什么，冲动地跑到自己房间，把自己的衣服全给扔到了地上，还踩了两脚，然后跑回客厅说：“我那些衣服不能穿了，我要买新衣服。”

“洗洗还能穿。”妈妈说。

小北却生起气来，很暴躁地在原地跳了几下，见妈妈不理他，竟然找到一把剪刀，冲进房间，把所有的衣服全剪坏了。

看到这样的情形，妈妈十分无语，只得带着小北去买了新衣服。

这样的经历还有很多，小北自己都觉得自己有时候太冲动了，容易发火动气，性格太偏激，但他就是改不了，只能一次又一次的冲动、发火，他自己都感觉十分痛苦。

上例中的小北做事急躁、冲动，让妈妈感到很郁闷，但也无可奈何。而事实上，青春期的男孩确实性格容易偏激，一丁点小事就有可能让他暴跳如雷、十分生气。但男孩到底在和谁生气，为什么生气呢？可能到最后，连他自己都不知道。

暴躁易怒的男孩自我控制能力一般较差，经常为一点小事就大哭大闹，甚至摔东西。有时候，因为自己的需要没有得到满足，甚至还会出手打人，做出一些比较极端的行为。一般来讲，男孩易怒，和他的性格以及所生活的环境和学校的教育有很大的关系。

有时候，因为父母或学校的影响，男孩有样学样，就会养成脾气暴躁的性格，无论做什么事情都很急躁，经常因为一些小事而着急上火，乱发脾气。

还有些时候，男孩产生急躁的原因是没有耐心，他希望自己想要的东西马上就能出现在眼前，希望自己想做的事情立刻就能做成，当想法落空后就会产生急躁易怒的不良情绪。这是男孩的自我意识在作怪，他没有意识到这个世界并不是围绕自己转的。因此，男孩要明白，任何事情都有自己的特点，无论是要什么东西，还是做什么事

情，它们都有自己的时间性，人们强行要求也是不管用的。

另外，男孩性格急躁，与偏激心理也有很大的关系。男孩的偏激心理通常会表现在三个方面——对人和事物的认识上、个人情绪变化方面以及为人处世时的各种行为中。

秋秋一直觉得自己是这个世界上最聪明、最优秀的孩子，所以必须得到一切他想得到的最好的东西，却不愿意为他人做出任何付出。

而且，秋秋还不允许别人对他提出意见，否则他就会很恼火地咒骂对方，说他们都是笨蛋，根本不配和他说话。

“秋秋，你也太自负、自大了。”同学们实在是受不了秋秋暴躁的臭脾气。

但秋秋就是控制不了自己，一听到对方说他自大自负，马上会生起气来，骂道：“我这叫自信、聪明，等你哪天变得比我聪明了，再来教训我吧，笨得和猪一样。”

“你……你性格这么偏激易怒，我看谁愿意和你做朋友。”

“我才不稀罕你们和我做朋友呢，以后再这样说我，小心我揍你们。”秋秋竟然还握紧了拳头，向同学挥去。

性格偏激的男孩往往是比较自负的，自我评价过高，常常固执己见，并戴着有色眼镜看待别人或别的事物，喜欢挑别人的“刺”，且容易怨天尤人，只求回报，不计付出。当男孩以个人好恶来论人论物时，很容易表现出暴躁、易怒等情绪特点，在行为上也表现得莽撞冲动，常常会采取暴力措施解决某些问题。

针对这些特点，男孩在平时应该特别注意自身的修养培养，增强自我控制能力，遇事要冷静、不慌张、不毛躁。如果实在是想发火的话，可以学着用其他方式发泄自己的不良情绪。

每个人都会有喜怒哀乐，这是正常的。尤其是处于青春期的男孩，因为处于生理和心理的转折期，所以情绪很容易受到外界的影响，表现得喜怒无常，爱发火，脾气大。那么，如何才能把这些不良情绪用合适的方法宣泄出来呢？

男孩可以试着和自己的好朋友倾诉一下心中的烦恼，在自己讲述的过程中，男孩会发现，自己的心境慢慢会发生一些转变，会变得不那么急躁、愤愤不平了。男孩还可以多去户外走走，呼吸一下新鲜空气，还可以在不扰民的情况下，对着空旷的大自然呼喊，将自己心中的闷气全部“吐”出来。

如果男孩不擅长以这些方式来宣泄自己的情绪，还可以用写的方法来发泄。准备一个日记本，把自己的烦恼记在上面，在书写的过程中，男孩的情绪会变得平静很多。

当然，男孩还可以选择更加“暴力”一点的方式来发泄心中的不满。比如，跑步、拳击、游泳等。

有时候，男孩在遇到不如意的事情时，很容易偏激走极端，发脾气，甚至会采取一些非常手段发泄自己的情绪。这时候，男孩可以找父母沟通一下，让父母帮助自己分析一下这个问题，消除消极的想法。男孩要让自己用积极乐观的心态对待周围的人和事，多和周围的人进行良性沟通，学会冷静地与他人交流，理智地解决问题。

# 体会美好人生，赶走“愤世嫉俗”

小律从小就是个积极向上、性情较温和的男孩子。他学习成绩也很优异，升上初中后，由于自己的努力，更是成了学校里的优等生，人人羡慕，父母也因他而感到骄傲。

但是，最近小律的行为有些古怪起来，而且对生活和学习的态度也变得有些消极了。小律总是把周围的一切想得很不堪，觉得学校老师偏心，有些学生明明学习成绩很差，还对他们那么好。还觉得某个成绩好的同学其实是在背地里搞了“小动作”的，给老师送了礼，才被评上了“优等生”的，不就是家里有点钱嘛，有什么了不起。

有一次，他实在觉得很气愤，就在自己的日记里写道：××同学今天炫耀他妈妈给他买了辆新自行车，名牌的，好几千元钱。真是的，有什么了不起，不就是有点钱嘛。而且，我觉得现在的教育制度和教育方式有问题，不管上什么样的学校都是接受应试教育，是在“毁人”……

虽然他有些想法还是有些道理的，但怎么读，都觉得有点愤世嫉俗的思想。

按说，小律从小生活的家庭环境也算不错，家里人性格也都比较豁达，可为什么偏偏他越来越愤世嫉俗呢？

小律觉得自己现在很仇视这个社会，有时候莫名其妙地就会感觉十分痛恨别人，这可不是一件好事情。

不仅如此，近来小律对待其他事物的态度也越来越消极，整个人变得颓废和浮躁了很多。每天放学后，他不再像以前那样赶快完成作业，而是一直上网玩游戏、看网络小说。无论在家还是在学校，他都不愿听取别人的意见和建议。小律觉得自己对现实社会没有任何信心，有时别人不经意间说了什么或做了什么，他都会往坏处想。对此，不仅小律的爸爸妈妈非常担心，他自己也觉得这种愤世嫉俗的思想和行为很糟糕，但他就是改正不了，实在是太头疼了。

什么是愤世嫉俗呢？就是一个人总是自认为这个现实生活的很多事物是不合理的，并对此表示出自己的愤恨和憎恶。很多进入青春期的男孩，因为情绪的波动很大，很容易就会陷入愤世嫉俗的情绪中。就比如上例中的小律，不明白有的人学习比自己差，却能得到老师的关照，而有的人明明没那么优秀，却被评为了“优等生”现象的原因。陷入愤世嫉俗不良情绪而无法自拔的男孩会对周围的人事物显得比较烦躁和排斥，虽然男孩本身的能力也非常出众，但就是无法接受周围的事物。没有任何缘由地对周围的人和事抱有一种敌对心理，平时敏感多虑，遇事不能冷静对待，一言不合就可能对同学、朋友大发雷霆。

如果男孩总是愤世嫉俗，对他的成长会十分不利。这不仅会在对待事物的态度时比较消极，还会因此而让男孩的心理变得阴暗，对任何事情都失去信心，整个人也会颓废起来。

而且，一个人总是愤世嫉俗的话，是很难体会生活中的幸福和美好的。那么，男孩如何才能让自己不那么愤世嫉俗呢？

男孩要学会宽容和尊重他人，凡事不要过分计较，在面对复杂的社会现象感到不解和苦恼时，可以发表短暂的牢骚，但不能长期让自己处于这种情绪中。如果长期处于这种情绪中，就会引起愤世嫉俗的偏激心理。要学会自我调适，以平常心面对社会上的各种现象，努力接纳他人和这个社会，逐步改变极端式思维，学会正面思考和换位思考。

而且，很多时候，男孩愤世嫉俗是因为对自己的现状不满，是对自己当前所做的事情都失去了兴趣，但却在父母、老师的要求下不得不“咬牙”继续去做。如果是这种情况，男孩可以找一些自己喜欢做的事情去做。比如，踢足球、打篮球等。和一些朋友相约打一场球，挥洒汗水的同时，也会让自己的心情变得舒畅起来。因为运动不仅可以健身，还可以帮助人们发泄情绪。尤其对喜欢愤世嫉俗的青春期男孩来说，通过运动这种简单的方式发泄心中的不满，会让男孩感到身心轻松。在这种状态下，男孩的心态自然会慢慢变好，不再那么消极倦怠了。

另外，男孩要正确面对自己愤世嫉俗的心态，不要觉得自己没救了，以后只能这样消极悲观地生活下去了。要知道，愤世嫉俗的并不是你一个，世界上还有很多人也会有这样的烦恼，而且有一些还是名人。

陈坤是现在内地具有高人气的男演员。现在一提“厂花”二字，可以说是无人不知，无人不晓，尤其是在青少年中，陈坤的知名度更是“高不可攀”。但陈坤在接受一次采访时，曾经自曝，因为来自单亲家庭的缘故，他一度愤世嫉俗，性格忧郁、自卑、小气、自私，直到成为佛教徒，进行了长达10年的修行后，才慢慢摆脱原来的自己，走出了愤世嫉俗的心境。由此可见，愤世嫉俗是有可能发生在每个人身上的。男孩在面对它时，一定要摆正心态，让自己勇敢地纠正并战胜它。

# 第五章

# 树立良好品格，培养独立生活能力

一个人要有良好的品格，首先应该从自立自强做起。只有学会独立生活，男孩才会培养出自己独特的好品格，自信地做事、乐观地生活。

除此以外，男孩还应让自己成为一个充满自信和魅力的人。不仅要正确认识自己，还要学会自我肯定和激励。当遇到困难和挫折时，不能因为胆怯就半途而废，也不能在犯错的时候自我逃避，要学会自省，学会树立勇气，做一名快乐的青少年。

## 肯定自我，做个自信的人

自信，就是自己相信自己，相信自己的能力。自信对于任何人都很重要，对于正在塑造品格的青少年来说，尤其重要。自信能给我们力量，让男孩在自信中体会到快乐和幸福。日常生活中，自信的人才会让人感觉充满了睿智和机智，面对任何事情，都会以一种美妙的生活态度来解决。

但是，很多男孩在遇到挫折和失败的时候都会怀疑自己的能力，失去自信心，自认为生活充满了痛苦，而一旦重拾自信后，男孩的思想也会随之变得乐观和豁达，感觉生活又美好了起来。所以，男孩要从小培养自己的自信心，就像足球运动员里奥·梅西一样，只要相信自己，梦想就不远了。

足球运动员里奥·梅西被球迷们亲切地称为“新版马拉多纳”。他曾在2009年带领巴塞罗那取得西甲、国王杯、欧洲冠军联赛三冠王的优异成绩，还在同一年里击败C罗获得欧洲金球奖，20天后又在第十九届国际足联颁奖典礼上荣获“2009年世界足球先生”的称号。面对这一系列的荣誉，里奥·梅西微笑着说：“我相信，只要努力，梦想就离你不远了。”

梅西就是这样自信，但他的自信并非生来就有的。他也曾有过怀疑自己的经历，但最终，他还是选择了相信自己。

梅西从小就喜欢足球，但10岁的他在和几个同龄孩子一起踢

足球时，却受到了很大打击。那天，队友好几次将球传到他脚下，可他却因过度紧张而闭上了眼睛，几次都错过进球的好机会。结果，他的球队惨败，队友们嘲笑他，还给他起了“臭鞋大王”的外号。

这场球赛之后，梅西难过极了，他想过要放弃，并把烦恼告诉了父亲。父亲告诉他，一个人要想成功，就要勇敢坚强地接受失败，要自信地昂起头，一步一步地走自己的路。父亲的话给了梅西很大的震撼。思考一夜后，他暗自发誓，要经过不懈努力，成为像马拉多纳那样伟大的球员，登上足球运动的顶峰，成为世界足球先生。

自那以后，梅西每天都充满自信地参加足球训练，坦然地面对来自教练的批评和队友的指责。他一直都相信自己能够走出困境，也相信这个世界会接纳他，最终，他的梦想一步步地实现了。

青春期的男孩会遇到很多和梅西相似的经历。这些问题让男孩经常产生挫败感，逐渐地失去了自信。但梅西却没有被自己打败，他在遇到困难时，想到了家人，及时地把自己的烦恼倾诉给了父亲，最终得到了支持和鼓励，并通过自己的努力，找回了自信。面对困难时，自卑和自信的男孩表现是截然不同的，结果自然也会大相径庭。充满自信的男孩通常表现得勇敢大方，能比较理想地解决眼前的困难，而自卑的男孩则完全相反，不仅胆怯、畏首畏尾，还容易选择逃避的方法来回避难题。

其实，男孩的自信很大程度取决于周围人对自己的评价。所以，当男孩像梅西一样，在同伴中受到了打击和嘲笑后，不要独自伤心难过，甚至想着放弃，最好能取得父母的理解和支持，借此来自我鼓励，让自己变得自信、乐观，从失落的情绪中走出来，重拾自信，赢得精彩的人生。

除了和父母沟通，男孩还应学会正视别人，并走进他人的视线之中。当男孩缺乏自信的时候，总会把自己“藏”在角落里，害怕进入别人的视线，担心受人注目。但是越不往人群里走，你就会变得越不自信，也就离成功越远。在上课的时候，男孩可以尽量坐在前排，这样就算不会被同学们注意，老师的视线却会时不时地扫过你。当你适应了老师的视线后，心里就会渐渐有了自信，这时候，可以继续往前坐一坐，甚至可以坐在第一排，接受全班同学的“注目”，并和老师正面相对。这样，你就可以慢慢地培养起自己的自信心，让你不再害怕别人的眼光，敢于正视他人。

上课的时候，男孩不要刻意逃避老师的问题，要学会并敢于当众发言。男孩不要觉得自己很愚蠢，最好什么也不说。你就是因为不懂才来学校学习的，即便是回答错误了，也并不代表你是无知的，起码你敢于正视老师的问题，勇敢地站起来回答了老师的问题。这也是锻炼男孩自信心的有效方法之一。要知道，每次的沉默会让男孩再中一次缺少信心的“毒”，久而久之，男孩就会变得越来越没有自信心。

在和同学或朋友聊天的时候，男孩要多肯定自我，少用否定的话语和他人进行交谈。比如，男孩想询问同学自己的新发型怎么样时，“我新理的发型很帅吧”和“我新理的发型是不是不够帅气”这两句话，前者是肯定了自己的“帅气”发型，而后者则缺乏自信，想听到对方赞美的话，但又有些担心会受到责难。所以说，否定的语言，对于男孩的心理健康有百害而无一利。男孩一定要多相信自己的能力，不管是人前还是人后，一定要抬头挺胸，让自信心逐渐在心中滋长起来。

## 自我激励，男儿当自强

男儿当自强这句话出自汪洙的训蒙幼学诗《神童诗》。全文为：朝为田舍郎，暮登天子堂；将相本无种，男儿当自强。意思就是说，将相本来不是天生的贵种，贫穷人家的孩子通过发奋努力，也可以成为国家的栋梁之材。所以，好男儿应当自强自立。

公元前496年，越国国王勾践即位。在一场战役中，越王勾践被抓到了吴国。吴王为了羞辱越王，专门安排他看墓和喂马，对这些奴仆才做的工作，越王心里虽然很不服气，但仍然装出忠心顺从的样子。吴王出门时，他走在前面牵着马；吴王生病时，他在床前尽力照顾……吴王看他对自己如此忠心，就放他回到了越国。

勾践回到越国后，立志报仇雪耻。但他害怕现在的安逸生活会消磨他的志气，于是，勾践就在自己吃饭的地方挂上一个苦胆，每逢吃饭的时候，就先尝一口苦味，还把席子撤去，用柴草当作褥子。

勾践决定要使越国富强起来，他亲自参加耕种，叫他的夫人自己织布，来鼓励生产。还整顿内政，恢复生产，使国力渐渐强盛起来。

公元前475年，越王勾践作好了充分准备，大规模地进攻吴国，吴国接连打了败仗。最终，勾践北上中原与诸侯会盟，成为春秋时期最后一个霸主。



想必勾践卧薪尝胆的典故男孩一定不陌生，勾践为了一扫前耻，发愤图强，最后不仅报了前仇，还成了一代霸主，实在是令人佩服。越王的成功，和他的自我激励有着很大的关系。英国心理学家威廉·詹姆斯曾说，有效地自我激励能够使人更充分地发挥出自己的能力，让自己的潜能得到充分施展。

所以，男孩也要学习越王勾践的精神。当然，并不是让男孩也去卧薪尝胆，而是学习如何激励自己。一个善于自我激励的男孩，才能在生活和学习中拥有良好的自我感觉，才能取得更多进步和成功。

小千是一名初中男孩，最近他的学习成绩一直下滑。老师说："如果你的成绩再提高不上去，很有可能会有留级的危险。"

这让小千十分苦恼，也很着急，但他就是不知道如何提高自己的成绩。

有一天，他突然想到一个好方法，如果自己的成绩能提高10分，自己就给自己一点奖励，以此来激励自己的学习斗志。

小千很想要一件新的球衣，有了这个目标后，小千学习更加用功了。他每天都坚持认真学习，作业都比以前写得工整了很多，有时遇到难题，他就暗自给自己打气，并想尽办法去解决。结果，两个多月后的一次考试，小千的成绩真的提高了很多。小千高兴地用零花钱为自己买了一件新球衣。

之后，他一直都用这样的方法鼓励自己，激励自己，终于在

这一学期快结束时，解除了可能会留级的危机。

老师高兴地夸奖道：“你能发愤图强，老师真的很欣慰，以后继续保持，我相信你会取得更好的成绩的。”

小千听了开心地点了点头。

一个懂得自我激励的人，能在不断前进的过程中充分发挥自身的潜能，并最终实现自己的目标，而不会自我激励的人，就算天赋极高，也很可能无法充分利用自身的潜能，甚至一生碌碌无为。而上例中的小千，充分利用了自我激励法，让自己解除了有可能被留级的危机。有研究表明，没有进行过自我激励的孩子，仅能发挥其能力的20%左右，而经常自我激励的孩子，其发挥的潜能相当于激励前的3～4倍，即达80%左右。这样的数据是不是令男孩感到很吃惊？那么，该如何进行自我激励呢？

有些男孩怀疑自己天生就没有自我激励的能力，其实并非如此。自我激励能力不是生来就有的，这需要男孩在成长过程中不断培养。

首先，男孩要用欣赏的眼光看自己，正确认识自己的优点与长处，当自己做出某些成绩后，要适当地给予自己一些奖励，形成一种自我激励的内驱力。这样做的目的是促使男孩在今后的学习、生活中不断超越自己，督促自己进步。男孩要学会明辨是非，知道自己什么时候才应该得到表扬与奖励，什么时候不能用这些奖励作为自己是否要努力的借口。当然，男孩也不能过分地看重物质方面的奖励。其实，精神层面的激励更能让自己获得心灵上的满足，使自己获得更大的鼓舞和信心，从而激励自己更加努力去做好每一件事。

其次，男孩要学会进行积极的自我暗示。当遇到困难和挫折时，要不断地暗示自己“我可以做到”、“坚持就是胜利”，这样不仅能消除心里那些不安的情绪，还能增强自己的自信心，帮助自己更快地走出困境。

最后，男孩要为自己制定一个目标，并对这个目标做一定时间限制。完成一个目标可能不是一件难事，难就难在要在规定的时间内完成这件事。这样一来，男孩在做事的时候就会产生一定的紧迫感，为了在限定的时间内顺利完成任务，就会不断地进行自我激励，并最终完成任务。



## 有错就改，要学会自省

人非圣贤，孰能无过，知错能改，善莫大焉。日常生活中，就连大人都会犯错，更何况是处于青春期、容易淘气和叛逆的男孩呢？但有时候男孩因为自尊心较强，而不愿意主动承认自己的错误，更无法学着自省，避免同样的错误发生。这对男孩的身心成长都十分不利。要知道，回避自己的缺点和错误，不接受别人的批评和建议，这种思想和行为是不正确的。男孩不仅要学会听取他人的意见，改正自己的错误，还要学会从错误中吸取教训，学会自省。

被世人称赞学识渊博并写出《资治通鉴》的大文豪司马光，小时候是个贪睡的男孩。他常常因此而受到父亲和先生的责罚，在老师的谆谆教诲下，他决心改掉贪睡的坏毛病，为了早早起床，他睡觉前喝了满满一肚子水，结果早上没有被憋醒，却尿了床。后来，司马光用圆木头做了一个警枕，每天早上一翻身，头

就滑落下来，他自然惊醒，然后早早起床读书。在他的坚持不懈下，终于成为一个学识渊博的人。

这是著名的“司马光警枕励志”的故事。如果男孩也像司马光一样，认识并努力改正自己的错误，学会自我反省，一定也可以像司马光一样，通过自己的努力取得大的成就。

李杰是个聪明好学的男孩，升入初中的他学习成绩一直不错，是父母心中的好儿子，同学眼中羡慕的好学生。

但升入初二后，李杰的成绩却突然下滑了很多，这让所有人感到很费解，难道是初二的课程比较紧张难懂吗?

后来，还是老师打给李杰父母的一通电话，解开了这个“谜团”。

老师问李杰的父母：“李杰的作业本是不是丢在家里了。”

李杰的爸爸说：“没有啊，小杰好些天都没在家做作业，他都说自己在学校写完了才回家的。”

可老师却说：“李杰同学已经有一阵子没有上交作业了，他要么说丢在家里没带过来，要么就说不小心弄湿了作业本，次数多了，我就有些怀疑，所以打电话来向你们确认一下。”

原来，李杰一直觉得作业可写可不写，就找各种各样的理由逃避写作业，还向父母和老师都撒了谎。

等李杰放学回家后，爸爸对他说：“你是个聪明又懂事的孩子，应该知道什么是对的什么是错的，你要说实话，爸爸不会责罚你。任何人都会犯错，爸爸也犯过大大小小无数个错误，但只要你勇于承认错误、有错即改就是好孩子，谁都愿意原谅这样的好孩子，爸爸也是在不断犯错和不断改错中长大并取得很多成就的。”

“爸爸，我错了，我这些天都没有写作业，我骗你在学校做了，又跟老师说作业落家里忘带了。爸爸你别生气，我以后再也不这样了，我肯定认真学习，不再撒谎了。”李杰最近也在反思自己的行为，早就想向父母和老师坦白了，只是一直没有找到合适的机会，这次正好让他卸下了心中的一块巨石。

在爸爸的耐心教导下，李杰很快就改正了自己的错误，不仅没有逃避写作业，也不再撒谎了，而且，李杰还学会了自我反省。渐渐的，他的学习成绩又提高了上去。

既然人们避免不了会出错，那就应该学会勇于承认并改正自己的错误。男孩要用自己的实际行动取得别人的谅解，也为自己争取成功的机会，挽回声誉的同时，学会自我反省。但青春期的男孩心理发育还不够成熟，有时很难自己认识到自己的错误，也不知道如何改错。这时，男孩就可以向父母倾诉，并请求他们的帮忙，找到自己的错误，在父母的监督下及时改正，并不断在日常生活中自我反省、自我修正，从错误中不断发现自己的缺点，不断总结经验教训。这样才能累积经验和教训，获得成功。

列宁小时候，一次妈妈带他去亲戚家做客，他不小心打碎了一只花瓶。当时，亲戚问是谁打碎了花瓶，列宁因害怕受长辈责罚而没有承认，但妈妈知道花瓶就是他打碎的，因为在自己家时他也做过不少这样的事情。

但猜到事情真相的妈妈并没有立即揭穿列宁，也没有继续盘

问他，而是装出什么都不知道的样子，带列宁回了家，并且之后几天都没再提此事。可妈妈每天并没有闲着，一有时间她就会给列宁讲些关于诚信、勇于改错的美德故事，目的是让列宁反省自己并主动认错。

终于，一个星期后，列宁低着头，带着羞愧的表情对妈妈说：“妈妈，对不起，上次是我打碎了花瓶，我不应该说谎的。”

听了列宁的话，妈妈非但没有批评他，反而表扬道：“孩子，你能反省自己的言行，主动承认错误，这就很了不起了。不过，你打碎的是姑姑家的花瓶，给她写封信道歉好吗？你能主动认错，姑姑一定会原谅的！”

列宁点了点头，之后立即开始写信。而从那以后，他也养成了时常反省自己并及时改错的好习惯，也正是因为具备这样可贵的品质，他才在长大后获得了人民的极大支持。

曾子曰：“吾日三省吾身。”这句话就是说，每个人每天都应该反省自己的言行举止，并及时发现和改正自己的不足之处和错误。对于男孩来讲，他的成长就是一个不断犯错、不断改正的过程。男孩不要担心自己会犯错误，而是要正视自己的错误，时刻自省，并及时改正。

## 培养自己的适应能力，学会独立处事

当男孩一脚跨入青春期的大门后，独立意识也会随之发展起来。但在男孩拥有了自由的同时，他们也经常会感到害怕。因为独立意味着责任，意味着自己的事情要自己做主，还要学会自己生活。但很多男孩因为父母的宠爱，适应能力很差。当进入青春期后，面对突然而至的自由和独立，经常惊慌失措，不愿意去学着适应新的生活环境。这些男孩因为无法跨越这层心理障碍，而逐渐迷失了自己，不知道自己该何去何从。

刘畅虽然是个大男孩了，但他从小适应能力就比较差，也不喜欢出门，除了上学，就是宅在家里当“宅男”。从小时候开始，只要爸爸妈妈带他出去玩，他就会十分胆怯，总喜欢躲在爸爸妈妈身后，不说话，也不和其他小朋友玩。

一开始，家里人以为是他太害羞了，还笑话他像个女孩子。但随着年龄的增长，刘畅却觉得自己并非害羞那么简单，他只是无法适应突然要面对的新环境和陌生人。

后来刘畅升入了初中，但这种习惯依旧改不了，而且，他很不适应学校总调位置的习惯。每次他刚适应了新座位和周围的同学，老师竟然又要求换座位，这让刘畅十分不自在。

有一次，教语文的老师突然换了，他又出现了不适应的状况。本来刘畅已经习惯了之前那位老师的教育方法，也很愿意听

她的话。可那位老师临时被调走了，新来的老师虽然也很优秀，但她的有些教学方法不同于之前的老师，所以刘畅总觉得不习惯。在之后很长一段时间里，刘畅都没有学习的积极性，还变得抗拒学习新的东西。好不容易习惯了新老师的授课方法，原来的老师又回来了，新老师也被调走了。

刘畅又得重新适应新的老师，这让他觉得十分难过，一点也适应不了。

男孩的适应能力差，主要和来自父母的宠爱有很大的关系。当对父母的宠爱产生了一定的依赖性后，男孩的适应能力就会随之变差，甚至完全想要依靠父母，躲在父母的羽翼下生活。但每个孩子都终究要走向社会，要独立去完成自己人生中的许多大事，如果缺乏适应能力，就很难立足于社会。

当男孩发现自己从小就不能适应皮肤所接触的各种东西，包括换衣服、换床单；自我保护性反应过于强烈，比较情绪化，如爱哭、睡觉不踏实；耐心较差，坐不住板凳，外出时比较胆小，怕拥挤，不愿待在陌生的环境中等，那么，男孩的适应能力可能就比较差，将来，也很难学会独立生活。

男孩应该如何培养自己的适应能力，学会独立处事呢？

首先，男孩应该主动地接触新环境。很多适应能力较差的男孩，到了陌生的环境中，会惧怕与人交往，无法快速融入其中。所以，男孩应在平时就多创造机会接触不同的环境，并学着主动与人交往。这样，不仅能培养自己的适应能力，学会独立处事，还会发现许多新鲜有趣的东西。

13岁的男孩小九从小就独立性很差，适应能力也差，但因为父母的原因，他不得不离开家，跟着叔叔移居国外生活。刚到国外时，小九虽然居住在叔叔家，但从小没有离开过父母的他，一时间根本无法独自生活，甚至不敢开口说话，每天只想打电话给父母。

直到半年以后，他才在叔叔和其他人的帮助下渐渐适应了新的生活环境，并开始努力学习和身边的人沟通。再遇到一些烦心事，他会先自己想办法去解决，而不是像以前那样，给父母打电话，问他们怎么办。

后来，小九通过不懈的努力，终于考上了理想中的大学，并在大学毕业后，自己创业，当上了老板。后来，再回忆那段时光，小九感叹道："我最大的收获就是在国外学会了独立处事，学会了快乐地学习和生活。"

其次，男孩还可以让父母带自己多出去玩一玩，多到公共场所接触不同的人和事物，等到自己的独立性增强后，就可以不用父母陪伴，自己单独外出，适应社会生活了。在适当的时候，男孩可以离开家，自己生活一段时间。适应力差、独立性差的男孩应寻找适当的机会与父母分开一段时间，培养自己的独立意识，提高对外界的适应能力。男孩还可以住校一段时间，虽然这并不算是完全的独立生活，但在学校中，来自同学和老师的帮助是有限的，男孩能依靠的只有自己。一个人生活，遇到困难也是自己一个人面对和解决，对培养自己的独立意识很有好处。

# 做事不半途而废

责任心是每个人都应具备的基本素质，也是健全人格的基础保障。尤其是男孩，如果不能成长为一个有责任心的人，则会失去他人的尊重和支持，与成功失之交臂。

责任心其实指的就是个人对自己和他人、对家庭和集体、对国家和社会所负责任的认识及情感和信念，以及与之相应的遵守规范、承担责任和履行义务的自觉态度。而且，责任心和自尊心是相辅相成的。一个缺少自尊自爱的人，是无法成长为一个有责任心的人的。而一个没有责任心的人，也无法做到自尊自爱，更别提尊重他人了。

李豆很喜欢看爸爸做手工制作。在爸爸的手里，任何东西都能变得有趣和好玩，李豆总是很崇拜地在旁边看着爸爸以及他的作品，自己也有做出点东西来的冲动。

“爸爸，我也能做手工制作吗？”有一天，李豆终于心痒痒得忍不住了，他很认真地恳求道，“我保证会做得比爸爸还好，爸爸就教教我吧。”

“教你没问题，但你中途嫌累怎么办？我可不想把自己的手艺教给一个没有责任心的人。”爸爸说。

李豆马上说：“我保证完成任务，绝不半途而废。”

“你的保证，爸爸能相信吗？万一又像上次一样……”

原来，李豆从小就做事拖拉，一点也不认真，责任感一点也不强烈。

“我……我要是做不完，绝不离开这里半步！”李豆说。

爸爸这才开始教他如何制作有趣的作品，李豆坚持了没一会儿，果然有点想打退堂鼓了，但想起自己答应过，不做完就不离开这里半步，只好坚持了下来。

就这样，一整天的时间里，李豆虽然偷了几回懒，但最终还是坚持着把爸爸交给他的任务完成了。

爸爸开心地称赞道：“谁说你是个没有责任心的孩子，完全是个得力小帮手嘛。”

李豆也嘿嘿地笑了起来，从那以后，他再做什么事，都没有半途而废过。

做事不半途而废，能让男孩获得更多的成功机会。而那些做什么事都半途而废，碰到一点点困难就轻言放弃的男孩，则会在人生的道路上遇到更多的困难和险阻。所以，男孩从小就要做一个做事坚持到底的人，要自己学会解决难题，不能只看重结果，还要注重做事的过程。

日常生活中，男孩在遇到一些挫折或难题时，不要马上就找他人帮忙，要先自己想办法解决。失败一次不要紧，应多尝试几次，不要对父母或其他人产生依赖性。在决定做某件事时，男孩应第一时间选择不会受到干扰的环境，为自己营造一个良好的环境，以免周围的事物分散自己的注意力，最后导致自己做事半途而废。

对青春期的男孩而言，做事的过程要重于其结果。因为在做事的过程中，会不断地思考问题，一点点学会独自面对难题。这些人生经验是很重要的。男孩不能在做事的过程中消极敷衍、草草了事，更不

能找人代工。

另外，责任心和诚信也有很大的关系。如果男孩答应了别人的事情而没有完成，不但会变成一个没有责任心的人，还会在朋友圈中失去诚信。

俗话说："君子一言，驷马难追。"男孩要做一个重承诺、讲信用、说到做到的人。讲信用、重承诺，这不仅是中华民族的传统美德，更是一个人在社会中生活、与他人交往的重要基础。正如"一诺千金"之意，信守诺言、说话算数是一种无形的资本。

李丁和小甲是同班同学，两个男孩关系很好，一直都是"铁哥们"。

这一天，小甲去李丁家玩，看到一本很喜欢的课外书，就借走了，并承诺三天后归还。

但三天后，小甲却没有把书还给李丁。李丁也很喜欢那本书，就问小甲看完了没。

小甲早就不知道把那本书扔到哪了，就说："看完了，明天拿给你。"

但是第二天，他却把这件事忘记了，直到李丁又来要，他才想起来。

"一本破书而已，我又不会不还你，过两天还。"

李丁也不想因为一本书就和好朋友闹别扭，就一直等着他主动来还自己。但是一个月过去了，小甲也没有把书还给他。

后来，李丁发现，小甲不仅不遵守承诺，做事还没有责任感。他答应了好多同学要帮助他们，结果转头就忘。

渐渐的，李丁就疏远了小甲，不再和他做朋友了。

古语云："言必信，行必果！"其意是说人们应允别人的话必须守信用，承诺的事一定要办到，且要做出成果。伟大的领袖毛泽东好读书，从几十里外借书却能信守诺言、及时还书，他也因此而获得更多借书的机会，接触更多先进思想，而这些思想都是毛泽东规划中国革命和社会发展的重要基础……古往今来的众多真实故事，都在向人们表明承诺之重。

在如今的社会，信用是人们相互信赖的基础，也是一个人是否有责任心的标志之一。男孩要在平时多注意自己的言行，做一个言而有信、有责任感的人。这样才能得到他人的尊重和关爱，做一个能力出众的人。

## 要有乐观的人生态度

乐观是一种积极的人生态度，是每个男孩都应该拥有的美好心态。乐观能让男孩更自信、更独立，也更坚强和强大起来。美国著名的心理学家马丁·塞利格曼认为，乐观是一种"迷人"的性格特征，对一个人的成长起着积极的作用。他经过长期调查研究发现，这些积极作用主要表现在对生活中的许多困难产生免疫力，使人的身体更加健康，使人更容易与周围人保持融洽关系以及获得幸福的家庭、成功的事业。所以，青春期的男孩应该保持乐观的人生态度，面对一切有可能出现的挫折和困难。

小亮和小伙伴们去踢足球，来到球场，小亮先做好了热身运动，准备好后，他决定先踢一球来个“开门红”。可当他信心满满地把球放在地上，一脚踢过去的时候，并没有踢中球。朋友们“嘘”了一声，让他再踢一球。小亮也笑着说：“没关系，我再来一次！”

于是，小亮又踢了一下，球虽踢中了，却踢偏了，旁边的朋友取笑他：“小亮，你到底会不会踢球，这么近都踢不进去，干脆别踢了！”

小亮听后并没有生气，而是仔细观察了一下球的位置和球门的方向，说：“我再来一次，这次一定能踢进去。”

之后，他再次抬脚，踢向足球，结果又失败了。小亮跑过去捡回球，蹲下了身子思考了起来。

正当别人以为他是在伤心难过时，却听到他大声说：“我知道了，我肯定是适合当守门员！”

朋友们都笑了起来，问他：“你怎么这么乐观，要是我，早就伤心地哭起来了。”

而小亮只是嘿嘿笑着，并没有回答他们的问题。

案例中的小亮在经历了连续三次失败后并没有消极失落，而是总结经验教训，从中发现自己的优势所在。他的这种乐观心态着实让人佩服。这也正是青春期男孩应该学习的地方。有时候，换个角度去思考问题，人们可能会发现，本来不好的事情，也会变成好事。

对于男孩而言，积极乐观的心态能让自己拥有快乐的人生。如果男孩从小就很难感受到快乐，总是出现消极、失落的情绪，不仅会影响到他的身心健康，还有可能引发抑郁症。世界卫生组织早在20世纪

90年代就有预测：到21世纪，全球公民要面对的危害生命的三大疾病是抑郁症、癌症和艾滋病。因此，男孩培养自己乐观的心态，是很有必要的。

想要让自己变得乐观、积极向上，男孩应该让自己学会调节自己的情绪，多以正面的情绪来面对生活百态。经常被正面情绪熏陶，男孩才会拥有积极向上的心态。如果男孩总是表现出一些消极、负面的情绪，不仅会让自己变得不开心，还会影响周围的人，产生压抑的消极情绪，往往会造成一些不良的影响。比如，当朋友开心地想和你交谈时，男孩却表现得郁郁寡欢，似乎一点也不感兴趣，这就会让朋友的开心度大打折扣，也会逐渐变得不开心。

乐观，并不代表男孩在伤心难过的时候也要笑对人生。受到打击和挫折的时候，该难过还是要难过的，只不过，男孩要选择恰当的方法，尽快把自己心里消极的情绪宣泄出去，不要让自己长时间处在消极的情绪中。把各种不良情绪宣泄出去，可以让男孩身心感到放松。当男孩难过、生气或郁闷时，如果想哭，也可以适时地大哭一场；如果想发泄，就可以利用一些体育运动，把心中的郁闷发泄出去。当然，男孩也可以做一些自己感兴趣的事情，转移注意力，让自己心中的不快，逐渐烟消云散。

不过，最好的发泄方法，应该就是运动了。经常参加体育运动的男孩，不仅身体更加健康，心态也会变得更加积极乐观。当男孩在进行跑步、游泳、骑自行车等运动时，不仅能体验到这些运动本身的趣味性，还能获得更加强健的体魄，拥有快乐的源泉。所以，男孩在节假日可以抽出一点时间，和父母、朋友一起去户外走一走，爬爬山、钓钓鱼、放放风筝等，这些活动本身就有较强的趣味性，也能让男孩更加贴近大自然，从中获得快乐。

除此以外，男孩还可以选择听一些自己喜欢的音乐，来排解心中的消极情绪。音乐可以陶冶人的情操，甚至可以医治一个人肉体和心灵的创伤。当男孩在听到一首欢快的乐曲时，是不是也常会感到精神振奋，心情变得愉悦起来呢？这是因为歌曲让你感受到了快乐，让你的心情变好，乐观了起来。而且，音乐还有很多奇妙之处。当生病的人听到喜欢的音乐时，疼痛感会有所降低，而陷入低落情绪中的孩子在听到欢快的乐曲时，心情也会随之快乐起来。

所以，日常生活中，当男孩感到焦虑、失落、不安时，就可以选择几首欢快的乐曲，让自己的心情跟着音乐，逐渐变好，使自己的身心得以放松，保持乐观的人生态度。

## 学会勇敢，做一名“勇士”

勇敢，顾名思义，就是人们在面对艰难险阻时，不怕危险，不怕困难，有勇气，有胆量。勇敢的人有勇于敢为人先的精神和气质。这种精神和气质并不是每个人都具有的，只有那些真正有勇气的人，才能被称为勇敢的人。勇敢的人面对困难无所畏惧，敢于承担身上的责任，不论做什么事情，都充满了魄力，敢于行动，临危不惧，是人们学习和尊敬的好榜样。

有些人的勇敢是天生具有的，但通过后天的努力，男孩也可以让自己变得勇敢起来。而通过努力得来的勇敢，比天生具有的要更加珍贵。有时候，男孩在面对压力和威胁时，习惯性地选择了认命，对一切都唯命是从，缺乏勇气。久而久之，男孩就会变得胆怯、懦弱，只会选择低着头走路。

从小，男孩亮亮就非常胆小，他很怕黑，不敢单独在房间里睡觉，更不敢和不认识的人说话，就连同一个小区里的小伙伴，他也得让爸爸妈妈陪着，才敢和他们玩。

因为这种软弱的性格，亮亮从小就是被欺负的对象，而他只能咬牙忍受，从来不敢反抗。

有一次，已经读初中的亮亮去外面买东西，当他路过一个公园时，迎面走来几个男孩，有说有笑的，亮亮抬头一看，就吓得低下了头，缩着脖子想往家里跑。

但几个男孩还是眼尖地看到了他，嬉笑着围过来，说："这不是胆小鬼吗，今天出来干吗，让我们欺负吗？"

"我……我帮妈妈买东西。"

"哦，买东西啊，那把钱拿出来，我们帮你去买，反正你肯定也不敢和售货员说话。"有个男孩说。

亮亮头低的更低了，却不敢反驳，只是沉默着不说话。

几个男孩觉得没意思，就扭头走了，一边走还一边议论。

"这人胆子真小，听说晚上一个人都不敢上厕所，还得让妈妈陪着，没劲。"

"哈哈，真的假的，都是初中生了，还这么胆小啊，早知道刚才应该揍他一顿，反正他也不会和大人们说。"

"哈哈哈……"男孩们笑成了一团，亮亮的脸却憋得通红，不知是气的还是郁闷的。

其实，亮亮也想改变自己胆小的毛病，想变得勇敢起来，但每次一看到同学和老师，他就感到害怕，不敢乱说话，面对他们

的嘲笑，也不敢反驳，只能无奈地接受。

而且，天天觉得夜晚很可怕，黑漆漆一片，如果没人有陪着，他真的不敢一个人走动，哪怕是在自己家里，没有灯光的情况下，亮亮也要喊爸爸妈妈来陪自己上厕所。

事实上，像上例中亮亮这样的男孩还有很多。他们对很多事物都感到害怕，面对困难容易胆怯，不知道如何和人相处。比如，害怕打雷、黑夜、不熟悉的人等。虽然现在已经开展了很多锻炼男孩勇气的活动，但像亮亮这样的男孩，还是存在的。男孩胆小、懦弱的原因有很多，可能是受遗传因素的影响，也可能和男孩生长的环境和接受的教育有关。

不管是什么原因，勇气都是可以后天培养的。男孩要在日常生活中依靠自己的力量，学会勇敢，做一个有勇气的“勇士”。

首先，男孩要学会改变自己的语言和行动。不要总是低着头走路，要抬头挺胸、昂首向前。面对他人的眼光和嘲笑，男孩要学会释然，不要太在意。正所谓“走自己的路，让别人说去吧”。男孩就应该有这种豁达的心胸，不要总是在意别人对自己的评价。

其次，男孩要多做一些力所能及的事情。不要事事都依赖父母和朋友，胆小只是因为平时你自己所做的事情太少。要多进行自我鼓励，让自己做事时不要畏首畏尾，要放心大胆地进行，哪怕错了也不要紧，重要的是能真正地鼓起勇气参与这件事。

最后，男孩要多接触外面的世界。男孩的胆小和懦弱可能是因为很少接触外面的世界从而对外界产生了一定的恐惧心理所导致的。所以，男孩应多走出家门，接触不同的环境和人群，熟悉他们，体会其中的快乐，久而久之，你就不会感到害怕了，也会自然而然地变得勇敢起来。

## 远离谎言，做一个堂堂正正的男子汉

据《广州日报》报道，前不久在河源市发生了一起因经常撒谎恶作剧而导致的悲剧。事情的经过是这样的：在2013年7月24日的下午，因为天气炎热，河源市的几个青少年来到了万绿湖游玩。其中一个叫小张的年轻人喜欢恶作剧，在游泳时时常和朋友开玩笑，撒谎自己脚抽筋等有生命危险，在朋友们大惊失色地急忙前去营救时，他才哈哈大笑："逗你们玩呢！"时间长了，朋友们也知道了他的性格，对他的谎言产生了"免疫力"，当他再说什么时，大家都一笑了之。谁知，就在24日的下午，小张在游泳时真的发生了意外。他在水中剧烈地扑腾，大声向岸上的人们呼救。在岸上的朋友们听到他的喊声，以为他又在撒谎，加上游泳圈就在他的身边，就没有在意。但是，在几分钟后，人们逐渐发现了不正常的地方：小张仍然没有出现在水面上，只有游泳圈在水上漂着。大家赶快报警并搜救，但是忙碌了一下午仍然没有找到小张。在随后的几天里，河源市的政府部门特意请来了广州水上救援打捞队前来帮助，最终在万绿湖的深处找到了小张的尸体。

这件悲剧一经传出，在社会上引起了强烈的反响。人们在纷纷为失去年轻生命的小张而痛惜的同时，也对谎言带来的巨大危害有了更深刻的认识。

试想一下，如果小张在日常生活中没有经常向朋友们撒谎逗乐，那么在这次危机真的发生时，大家肯定会第一时间就去施救，他的生命也就不会失去了。这是一起多么令人惋惜的悲剧啊！这件事情可以说是撒谎导致危害的典型例子。也许有的男孩会这样想，在生活中，可以说是每个人都有过说谎的经历，但是也没有见过几起恶性后果的事情发生，这是不是有些危言耸听呢？

答案是：“不，这绝非危言耸听！”再也没有什么比以生命作为谎言的代价更有说服力的了，这是说谎者所受到的最大的自我伤害。生活中，还有很多人在说谎后，并没有受到那么大的“惩罚”，但是其代价也是不菲的。再看下面一个真实的事例。

2011年9月，德国曾发生过一起轰动世界的“丛林少年”事件。当时,有一个来历不明的男孩来到柏林的市政厅，对工作人员称自己名叫雷，在5年以前他的母亲遇到车祸去世，然后悲伤中的他就和父亲一起搬进了大森林中居住。大约三个月前，他父亲在森林中狩猎时受伤，不久就因伤势过重而去世。孤独的他独自在森林中生活了一个月后，就在指南针的帮助下开始了穿越森林的旅程，后来终于走出了森林。

在听完雷的讲述后，市政厅的工作人员对这年轻的小伙子的自述感到十分吃惊，这不就是一个21世纪版的“鲁滨孙”吗？也有人在仔细观察了雷的神态、衣着，认真听了他讲的森林生活细节后，对他的经历表示怀疑。但是，难题出来了，雷身上没有任何能证明他身份的东西，在全国的人口数据库中，工作人员也没有发现和雷有关的线索。接到报警后赶来的警察对此也有些无奈，这怎么办呢？经过仔细考虑后，警方采取了公布雷的照片这样一个方法以寻找他的真实身份。

消息公布出去后警方很快就得到了回馈，有人给他们打电话说雷很像荷兰的一位走失的少年。在接下来的调查中，警察发现雷是荷兰人，他的真实姓名叫“罗宾”，今年20岁。罗宾在擅自离家出走后，他的父母曾向警方报告儿子失踪。德国警方公布照片后，罗宾在荷兰亨厄洛市的朋友认出了他，并通报警方，终于证实了他的身份。

德国警方表示，罗宾后来承认衣食无着的自己编造了这个故事，以图欺骗德国警方获得援助，并以此成名。目前，德国警方表示，根据法律有可能考虑以诈欺罪起诉罗宾。



在执法严格的德国，罗宾的谎言很有可能给自己带来牢狱之灾。可以说，他的撒谎行为初期虽然引起了轰动，但“纸包不住火”，真相很快就被揭开，他也随之名誉扫地。这在十分注重讲诚信的西方社会来说，他的谎言看似没有带来什么恶性后果，但是这在人们眼中已经是不诚实的行为，其信誉度会降低，他在日后的工作、学习、生活等方面都会受到影响。

据心理学专家介绍，青少年特别是男孩撒谎，主要对象是对父母、老师、同学及社会上接触到的其他人。这些谎言都有两个共同的特点，一是为了一些不光彩的事情而撒谎，二是撒谎后产生的后果都是负面的。

男孩在日常中的撒谎看似都是些小事，实则对自己有很大的危害。一是撒谎并不能解决问题，反而会影响问题的顺利解决；二是撒谎会让男孩逐渐形成不诚实、不讲诚信的坏的品德；三是男孩撒谎会导致自己与身边的人如父母、老师、朋友等出现矛盾，甚至使人对自己产生反感和厌恶之情，不利于男孩社交方面的提高。

由上可知,撒谎可谓害己害人，男孩应远离谎言，即使是在面对难题或对自己不利的情况时，也要保持坦然的心态去应对，如果是自己做错了事情，就勇敢地认错，这样才能赢得他人的谅解，有利于事情的解决；如果是出于虚荣等原因想要撒谎时，男孩应提醒自己“真的假不了，假的真不了”，只有保持本真才能更好地成长。总之，男孩应谨记：自己是男人，应做一个堂堂正正的男子汉，既不用谎言去为自己牟利也不用谎言去掩饰自己，更没必要用撒谎去娱人娱己，否则，最后只能是自己被愚弄。

# 第六章

# 男孩的交际法则

进入青春期后，男孩会结识越来越多的人，与他们交朋友，谈天说地，聊聊心事。但男孩间的交际，简单又复杂，有时候只是击下掌，就能让不熟悉的两个人成为挚友，而有时候虽然嘴里喊着好哥们，心里却深藏算计。

男孩间的人际交往，到底应该如何进行呢？诚实、宽容、热心、大方……这些都是男孩交际中应注意的问题。

## 交友应以诚待人

以诚待人是中华民族的优良传统，是每个人都应具备的优秀品质。男孩在进入青春期后，交际面会逐渐变广，认识的人越来越多，但只有真诚待人，做事讲诚信，才能换来真挚的友谊，让你在交际路上一路畅通。

小军和小刚是好哥们，但小军除了和小刚是朋友，还认识很多其他的小伙伴，所以他总是不在乎和小刚之间的友谊，觉得他可有可无。

有一次，小军不小心把小刚最喜欢的模型打碎了，小刚闻声赶来，看到地上的碎片后问他："这是怎么回事？"

"我……也不知道。"小军吹着口哨走开了。

后来，有人问小军："你和小刚是朋友吗？"

小军满不在乎地回答道："我和他怎么可能是朋友，他太笨了，也只有他才会觉得我们是朋友。"

这话不知道如何被小刚知道了，小刚来质问小军："我们真的不是朋友吗？"

小军有些慌张，但还是说："当然不是，谁会和你做朋友啊，每天只知道黏在别人屁股后面傻笑，笨死了。"

小刚听了很伤心，低声说："之前是你来和我做朋友的，没想到这么不真诚，以后，你肯定交不到好朋友的。"

说完，小刚就走了。小军虽然表面满不在乎，但心里却七上八下的，难道他待人真的不够真诚吗？可是他觉得自己和其他小伙伴玩得挺好的，不就是没有把小刚当成朋友嘛。

这样想着，小军感觉轻松了不少，但之后的一段时间，小军总觉得其他小朋友也在躲着他，打听之下，他才知道，自己交友不真诚的谣言已经传遍整个小区了，现在，几乎没人愿意和他做朋友了。

诚实、真诚是男孩应具备的优良品质，也是做人的基本准则之一。而上例中的小军不仅对朋友说了谎，还不肯真诚地和小刚做朋友，伤害小刚的同时，也被其他同伴们冷落了。其实，有研究发现，喜欢说谎的孩子长大后往往个性敏感、多疑，很难真正信任别人。小军大概就是属于这一类男孩吧。

以诚待人能让人和人之间产生最基本的信任。如果人与人之间失去了这种信任，不仅双方的友好关系将会难以维持，还会让男孩的交际圈子变得越来越狭小，让男孩在社会生活中产生束缚感和孤立感，离成功也就会越来越远。由此可见，男孩应从小就让自己养成以诚待人的优秀品质，在交友时，一定要诚实，用真诚的态度来对待对方。这样才能让自己收获友谊，进行良好的交际。

在培养自己以诚待人的优良品质时，男孩具体该怎么做呢？

其实很简单，以诚待人，便是用自己最真诚的心，来对待对方，和对方交朋友。不仅要看到朋友的优点，还要接受朋友的缺点。就像宋朝的大诗人曾巩一样。

曾巩是宋朝的一位大诗人。他为人正直宽厚，襟怀坦荡，即便是对朋友，也是直来直往，对朋友的缺点毫不避讳。

曾巩和王安石是好友。王安石25岁那年，当上了淮南判官。

有一次，神宗皇帝召见曾巩，问他："你与王安石是布衣之交，王安石这个人到底怎么样呢？"

神宗皇帝本以为曾巩会夸奖王安石一番，但没想到他却很客观直率地回答说："王安石的文章和行为确实不在汉代著名文学家扬雄之下，不过，他为人过吝，终比不上扬雄。"

神宗皇帝听了这番话，感到很惊异，又问道："你和王安石是好朋友，为什么这样说他呢？据我所知，王安石为人轻视富贵，你怎么说是'吝'呢？"

曾巩坦然答道："虽然我们是朋友，但朋友并不等于没有毛病。王安石勇于作为，而'吝'于改过。我所说的'吝'乃是指他不善于接受别人的批评意见而改正自己的错误，并不是说他贪惜财富啊！"

曾巩不因是王安石的朋友而抬高王安石，而是客观地看待王安石。这样的友谊才是真诚的，才能长久下去。以诚待人，并不仅仅是体现在精神上的，还应体现在物质层面。

我们经常会听到有人说："再好的朋友，一遇到金钱上的问题，也会变成仇人的。"其实，之所以会变成这样，是因为彼此之间的诚意不够。男孩要知道，朋友之间物质上的往来，在彼此没有不良企图的基础上，是可以进行的。

有个叫崔枢的人去汴梁考进士，同南方一商人住在一起达半年之久，两人成了好朋友。后来，商人得了重病，他请求崔枢安

置他的后事，崔枢答应了他的请求，商人为了感激他，就把一颗珍贵的宝珠送给了他。

但崔枢觉得不能就这样接受了朋友赠予，就在土葬商人的时候把宝珠也一同放入棺材，葬进坟墓中去了。

一年后，商人的妻子从南方千里迢迢来寻找亡夫，追查宝珠下落。当得知商人把宝珠送给了崔枢后，商人的妻子认为他是趁机谋取了钱财，就报了官。

官府派人逮捕了崔枢。崔枢说：“如果墓没有被盗的话，宝珠一定还在棺材里。”

于是，官府派人挖墓开棺，果然宝珠还在棺材里。商人的妻子被崔枢的真诚打动，惭愧地道了歉。

人们常说：无诚业难立，无信事难成。从上面的小故事不难看出，待人有诚信，才能受到他人的尊重，收获珍贵的友谊。所以，男孩在成长过程中，不可将“诚信”视若无物。有诚信，才能获得人生中最宝贵的财富，才能获得他人信任和支持，是男孩走向成功的重要资本之一。

## 学会宽容，不要斤斤计较

宽容是什么？宽容是一种美德。人们常说：“忍一时风平浪静，退一步海阔天空。”其实讲的就是待人要宽容，不要什么事都计较得失。而且，当人们在宽容他人的时候，其实也是在原谅自己的过失，无形中为自己营造了一个良好的生存环境。

青春期的男孩冲动、易怒，很多时候就像个小鞭炮，一点就炸，一点也不会宽容他人。其实，每个人这一生，都应该有三种宽容。哪三种呢？其一，男孩要学会宽容自己的缺点，因为人无完人，你并不是想象中的那么完美无缺；其二，男孩要宽容自己的朋友，毕竟有的时候，伤你最深的，是你最亲密的朋友；其三，要宽容自己的“对手”，“对手”能让你充满斗志，努力上进，所以，不管他做出了什么事，你都要学会宽容他。

如果男孩能做到以上三种宽容，肯定能够成长为一个优秀的人才的。

那么，到底怎么做，才算是宽容呢？男孩们不妨读一读下面两个小故事，自己体会一番。

一位高僧在寺院的高墙边发现一把椅子，他知道肯定是寺内的小和尚借此越墙到寺外玩去了。高僧一言不发，搬走了椅子，自己站在了原位，等待着小和尚归来。

午夜，偷溜出去的小和尚爬上墙，再跳到“椅子”上，他突然觉得“椅子”有点怪，软软的甚至有点弹性。落地后，小和尚定睛一看，才知道自己刚才踩的“椅子”竟然是高僧。小和尚吓得仓皇离去，这之后的一段日子里，他每天都诚惶诚恐地等候着高僧的惩罚。但奇怪的是，高僧一直没有来找他，也没有把这个秘密泄露出去。在一次讲课中，小和尚听到了高僧关于宽容的禅语，这才明白，高僧原来是宽容了自己的过错。至此，小和尚再也没有翻墙偷溜出去玩了，通过刻苦的修炼。几年之后，小和尚终于成为一名受人尊敬的高僧，待人宽厚仁慈，对寺内的小和尚

总是十分和蔼，总能原谅他们的一些小过错。

上课的时候，有位老师发现一位学生时经常低着头画些什么，他就走过去，好奇地拿出学生的画观看，发现画中的人物正是龇牙咧嘴的自己。学生以为这下要挨老师的批评了，没想到老师不但没有发火，还笑着鼓励学生道："你可以锻炼一下自己的画工，画得更神似一些。"

而被老师宽容对待的学生不仅没有再在上课的时候画过画，还把各门课都学得不错，后来他成为颇有造诣的漫画家。

上面这两个故事中，不管是高僧还是老师，在对待他人过错时，都表现得十分宽容，而正是这种宽容的态度，也让小和尚和学生自觉惭愧，开始奋发图强，才有了之后的成功。

说到底，真正的宽容，其实就是开阔的心胸。日常生活中，男孩不要总抓住对方的一丁点错误不放，要大方地看待并宽容别人的错误，学会原谅对方。在这一点上，周恩来总理就做得很好。

有一次，理发师正在给周总理刮胡须时，总理突然咳嗽了一声，刀子把总理的脸给刮破了。理发师十分紧张，正当他不知所措的时候，周总理和蔼地对他说："这并不怪你，我咳嗽前没有向你打招呼，你怎么知道我要动呢？"

表面上看，宽容只是一种放弃报复的决定，这种观点似乎有些消极，但真正的宽容却是一种需要巨大精神力量支持的积极行为。但是，青春期的男孩在与别人交往时，由于判断分析能力有限，他们很容易觉得自己总是对的，别人就应该是错的。所以，总是抓住别人的一点错误不放，不愿意原谅对方。男孩要知道，宽容可以帮助人们恢复友谊，不要总怀着报复心理和人交往。报复心理是一种以攻击方式向曾经给自己带来不愉快的人发泄怨恨和心中不满的情绪，危害健康的心理状态。有报复心理的人容易误解他人的意思，对他人经常有戒备防范心理。任其发展的话，心胸会越来越狭窄，与人相处较难。所以，男孩在和人交往中，应敞开心胸，在与人产生误会或摩擦的时候，要怀着忍耐、包容、体谅的心态来面对，多从对方的角度考虑问题，要把度量放宽、眼界放远。



但是，宽容对方并不是毫无原则地原谅对方的一切错误。当然，男孩对人宽容是要有原则的。男孩要对那些没有严重后果的个人冲突、无意的损伤等事情宽容，不要耿耿于怀，总把这些事情放在心上，要学会宽容和忍让。但是对一些恶劣的损害和破坏行为，男孩要诚恳地批评和制止，这样才能进行良好的社交活动，让男孩结交更多的好友。

## 帮助别人，就是帮助自己

男孩应从小养成助人为乐的好品质，这样才能成长为一个有爱心、有担当的好男孩，才能被周围的人尊敬和爱护。但很多时候男孩都会为此发愁，他们想帮助人，但不知道如何帮。有时候，反而会帮一大堆的倒忙。其实，一个人如果真心想帮助他人，是不必做出多么轰轰烈烈的事情的。生活中一些小事，反而能让人更加觉得温暖，更能让人感动。比如，一句问候、一句安慰、一个眼神、一个温柔的动作等。这些都能让许多脆弱的心变得更加坚强，甚至连严寒都可能“望而却步”。

说起助人为乐的典范，非雷锋莫属。

从1961年开始，雷锋经常应邀去外地作报告。他出差机会多了，为人民服务的机会就多了。人们流传着这样一句话：“雷锋出差一千里，好事做了一火车。”

一次雷锋外出在沈阳站换车的时候，一出检票口，发现一群人围看一个背着小孩的中年妇女，原来这位妇女从山东去吉林看丈夫，车票和钱丢了。雷锋用自己的津贴费买了一张去吉林的火车票塞到大嫂手里。大嫂含着眼泪说：“大兄弟，你叫什么名字，是哪个单位的？”雷锋说：“我叫解放军，就住在中国。”

5月的一天，雷锋冒雨要去沈阳，他为了赶早车，早晨5点多就起来，带了几个馒头就披上雨衣上路了。路上，看见一位妇女背着一个小孩，手里还领着一个小女孩，也正艰难地向车站走去。雷锋脱下身上的雨衣披在大嫂身上，又抱起小女孩陪他们一起来到车站。上车后，雷锋见小女孩冷得发颤，又把自己的贴身线衣脱下来给她穿上。雷锋估计她早上也没吃饭，就把自己带的馒头给她们吃。火车到了沈阳，天还在下雨，雷锋又一直把她们送到家里。那位妇女感激地说：“同志，我可怎么感谢你呀！”

过年的时候，战友们愉快地在一起搞些各种文娱活动。雷锋和大家在俱乐部打了一阵乒乓球，就想到每逢年节，服务和运输部门是最忙的时候，这些地方是多么需要人帮忙啊。他放下球拍，叫上同班的几个同志，一起请假后直奔附近的瓢儿屯车站。这个帮着打扫候车室，那个给旅客倒水，雷锋把全班都带动起来了。

许多男孩心中都有一个“英雄梦”，他们希望能像小说或电视剧里那些“义贼”一样，做个惩强扶弱的大侠客，受到他人尊重与敬仰。可是，想要实现这个愿望却非常的不容易，有时候，男孩的眼光只放在那些“大事”上，而忽略了眼前的小事，无视了那些真正需要帮助的人。甚至有时候，男孩还会打着帮助他人的幌子，去欺负身边的伙伴。这样的男孩，是无论如何都得不到人们的尊重的。只有真正心存善念，心系他人，并帮助他人的人，才能活得更精彩，获得更多成功的机会。

在一个小镇上，有一天晚上，刮着北风，透着刺骨的寒冷，一对老夫妻正在步履蹒跚地寻找旅馆，但他们找了很多家，不是人已经满了，就是早早关了门。

这对夫妻，又冷又饿，希望尽快找到住处。当他们找到镇上最后一家旅店时，小伙计歉意地说：“店里客人都满了。”

“这是最后一家旅店了，这样糟糕的天气，如果没有地方去，我们可能会冻病的。”老夫妻十分发愁。

小伙计听后，十分不忍心，就对他们说：“如果你们不计较的话，今晚就住在我的床位上吧，我自己在店堂里打个地铺吧。”

老夫妻十分感激地住到了小伙计的房间，并吃了小伙计端给他们的热乎乎的饭菜。

第二天，老夫妻付了双倍的费用给小伙计，但他坚决不要。

他说：“我仅仅做了一件自己力所能及的事情，让你们这么大年纪的人在风雪中，任何人都于心不忍。”

临走时，老夫妻语重心长地说：“小伙子，只有像你这样的品质，这样经营旅店的人，才有资格做一家五星级酒店的总经理。”

小伙计对此并没有在意，没想到两年后的一天，却收到一封信，信是两年前在店里住宿的老夫妻寄来的，特地邀请他前往一座繁华的都市，请他去那里的一家五星级宾馆做总经理。

老夫妻说：“这是一座专门为你兴建的五星级宾馆，现在我正式邀请你来当总经理。”

助人为乐是一件快乐的事情，就像故事中的小伙计一样，没准还能为自己带来意想不到的好运气。在日常生活中，男孩可以从身边的小事做起，培养自己的爱心。看到身边有人摔倒时，一定要伸出援手，扶他一把。当朋友遇到不开心的事情时，男孩要及时地宽慰朋友，帮他渡过难关。男孩还可以养一两只小动物，有耐心地照顾它们。渐渐地，男孩会发现，自己在帮助他人的过程中，也在不断地自我提高，不仅自理能力变强了，还变得更加坚强和有爱心，也更受朋友们的尊敬了。

## 真诚地赞美他人

2005年，河北省中考满分作文《赞美他人》中，有这样一段话：“一名记者曾做过一次调查：经常赏识他人，夸奖、赞美他人的人往往处事积极乐观，受人欢迎，受人尊敬，不常生病，并且比一般人长寿；而常指责、抱怨的人没有朋友，孤单落寞，身体、心理脆弱，比一般人寿命短。”

作文中还写了这样一个故事：

曾有一名邮递员在送信途中，不小心被一块石头绊倒了，他刚想抱怨，却低头发现这是一块形状奇异的石头。他想，若是用许多这样的石头建成城堡，该多好啊！他好奇心顿生，便欣喜地将石头捡起来，装进邮包。之后，每天送信，他总会捡一块奇异的石头。日复一日，他捡的石头堆满了家门。于是他白天送信，晚上堆砌城堡。渐渐地有路人欣赏、赞美他的努力成果，并给予鼓励。终于，他在山坡上建成了一座又一座好看的城堡，有一天竟被登上报纸的头条，许多人慕名而来，其中包括当时著名的画家毕加索。他惊叹青年人的技艺，大加赞赏，并投资将这里改造成著名旅游区。

青年人获得成功的秘密就在于他受到了他人的赏识与赞美，可见赏识与赞美是多么的重要啊！关于赏识和赞美曾有过这样的评价：赞美、赏识就像是风对于帆，就像是雨露对于种子；赞美赏识是我们成长过程中不可缺少的营养品。赞美、赏识是希望，是动力，是用自己的心灵之火去点燃别人的心灵之火。

由此可见，赞美他人、赏识他人有着多么巨大的作用力，竟然能让一名普通的青年摇身一变，成了受人瞩目的成功人士。

赞美和欣赏是语言的钻石，也是一个人个人修养的体现。赞美有着巨大的威力，赞美是人们乐观面对生活所不可缺少的，是人们自强、自信、自我肯定的力量源泉；赞美是人际关系的润滑剂，还可以约束人的行动，使人自觉克服缺点，积极向上。向别人传递一个真诚的赞美，能给对方的心灵带来光明。

赞美别人是一种习惯。这种习惯男孩应该从小就开始培养。男孩不仅要学会用语言赞美，还要用一颗真诚的心，来赏识对方，这样一来，才能更有利于男孩和人交往。

假日，小孙去同学家玩，中午就留在同学家用餐。同学的妈妈准备了一桌子美味佳肴来款待他。

小孙是第一次在同学家吃饭，虽然有些紧张，但还是被桌上的美味吸引了。他尝了两口后，就说："阿姨，您做的饭菜可真好吃，不过都不是我爱吃的。"

同学的妈妈一愣，不过还是问："哦？那你都爱吃什么啊，我下次再给你做。"

"阿姨你人真好。"小孙嘿嘿笑道。

虽然这顿饭很快就吃完了，但小孙却发现，同学开始冷落自己了。

他有些想不明白，就找到同学问原因。

同学说："你在夸我妈妈的时候一点也不真诚，我知道你嫌弃我家的饭菜不好吃，以后你就不用来我家玩了，我也不会让妈妈给你做饭吃的。"

小孙想不通了，他明明是赞美同学的妈妈做饭好吃，人很好，怎么对方不但不领情，还说他不真诚呢？

男孩在赞美他人的时候一定要真诚，绝不能虚伪地胡乱夸赞，也不可以用漫不经心的态度来对待他人，更不能像上例中的小孙那样，不会说话。虽然他是真心实意地想要赞美同学的妈妈，但说出的话却让人觉得很不舒服，很别扭，总觉得其实小孙是在瞧不起同学家的饭菜。所以，男孩在学会赞美以前，应先学会说话。什么话不该说，什么话说了等于是“画蛇添足”，什么话说出来不仅不能得人心，反而会伤人心，男孩都应该有所了解。



男孩应了解，不真诚地赞美往往会起到反作用，不但不会让别人觉得开心，还会伤害到他人，让朋友远离自己。怎么才算是真诚的赞美呢？只要是源于生活，发自内心的真情流露，对方就能感受到你的诚意，谦虚地接受你的赞美的。

另外，男孩应注意，赞美不是阿谀奉承，不能为了讨好某些人，就毫无根据地赞美。男孩一定要赞美事情的本身，这样对别人的赞美才能起到良好的作用，避免尴尬的情况发生。在赞美和赏识他人的时候，男孩可以用具体明确的语言、表情称赞对方的行为，也可以采用间接的方法来赞美对方。有时候，不一定要把赞美的话说出来，可能一个眼神、一个动作就能达到赞美和鼓励别人的目的。比如，一个微笑、轻点一下头等。

## 乐于分享，学会大方地生活

俗话说：有福同享，有难同当！这其实就是在教导男孩，日常生活中要学会和朋友分享一切忧愁和快乐，要让自己举手投足之间落落大方，做一个乐于分享的大男孩。

曾经有一个父亲问他的三个儿子说："如果有两筐容易腐烂的桃子，该怎么样吃才能使容易腐烂的桃子不浪费掉一个呢？"

大儿子说："先挑熟透的吃，因为那些容易烂掉。"

"可等你吃完那些，其余的桃子也要开始腐烂了。"父亲立即反驳道。

二儿子思考再三说："应先吃刚好熟的，先拣好的吃呗！"

"如果那样的话，熟透的桃子会很快烂掉。"父亲把目光转移到一直沉默的小儿子身上，问道："你有什么好办法吗？"

三儿子思考片刻说道："我把这些桃子分给邻居们一些，让他们帮着我吃，这样就会很快吃完而不会浪费一个桃子。"

父亲十分满意，不住地点头说："只有学会分享，才能让自己处于有利的位置"。

现在家庭结构简单，男孩大多是家里的小皇帝，受到千般宠爱。这让男孩逐渐变得只会考虑到自己，把所有好吃的、好玩的独占，从不愿意和家人及朋友分享自己的东西。这样的男孩经常以自己的需求为出发点，把最好的留给自己，把自己喜欢的先抢到手，拿到后就贴上自己专属的标签，不愿再拿出来与人分享。但在男孩的成长道路上，学会与人分享、与人合作的精神是必不可少的。这种分享不仅仅是一件物品，还有可能包含快乐、成功、喜悦等情感在内的更多的东西。

而且，有时候，学会与人分享，还能让自己从困境中脱险。

一片沙漠里，住着蜥蜴和蝎子。有一天，平静的沙漠里来了一个猎人，他专捉蜥蜴，用它的皮来做皮包。蜥蜴便搬到了沙丘底下去住，但猎人仍旧可以捉到它们，蜥蜴整日惶恐不安。

这时正是艳阳高照，蜥蜴在沙丘底下挖了一个非常凉爽的洞，躲在里面。蝎子正好经过这里，它被太阳晒得无处藏身。蜥蜴从来与蝎子没有往来，蝎子爬进来，希望可以住在这个洞里，遭到蜥蜴的拒绝。

正在这时，猎人走了过来，将手伸进洞里来抓蜥蜴，蜥蜴吓得躲进洞的最里边，眼看在劫难逃。蝎子举起毒刺刺向猎人，猎人惨叫了一声，逃走了。

蜥蜴被蝎子“救”了，他想，如果蝎子长久地住在这里，自己不是可以不用再怕猎人的捉拿了吗？虽然蝎子有时看起来很凶狠，其实还是个很不错的朋友呢。

于是，它便邀请蝎子和自己住在了一起。之后很长一段时间里，蜥蜴都依靠蝎子躲过了猎人的捕杀。而蝎子也有了一个凉爽的住所，乐得当蜥蜴的保护者。

就像故事里的蜥蜴一样，与人分享并不是与生俱来的。男孩应在刚出现自我意识的时候就开始培养自己的分享意识，学习如何让自己变得大方，与人分享。

其实，分享的过程也是一个让自己获得双倍快乐的过程。比如，当自己遇到了一件开心的事情，在向朋友讲述的时候，自己会再次感受到当时的开心，而看到朋友也为此感到高兴时，自己的开心就会加倍。

小天和小严是从小玩到大的好哥们，但是小天有个不太好的毛病，就是他的东西，谁也不能碰，就连最好的朋友也不能玩。

小严对此十分不满，终于有一天爆发了出来。当小天再想借他的漫画书看时，他拒绝了小天。

“以前不是都借过吗？怎么现在不让看了？”小天纳闷地问。

“你的东西从来都不借给我，我凭什么要借给你。”小严回答道。

小天一愣，说：“那些都是爸爸妈妈买给我的礼物，凭什么要给你玩，这些不是你自己买回来的吗，我借一下又没事。”

小严见他还在狡辩，就说：“那我买书的钱还是爸爸妈妈给的呢，凭什么让你来看？”

小天不知道该如何回答了。

小严很想帮助朋友改掉“吃独食”的坏毛病，就想了个好主意，说：“以后，我上半个月买漫画书，你下半个月买漫画书，然后咱们花的钱都一样，看完手里的，再交换来看，谁也不欠谁的，怎么样？”

小天觉得很有道理，就按照朋友说的做了。

慢慢地，小天发现，和小严换着看书，比之前自己看时，要开心很多。

在培养自己学会分享时，男孩可以和朋友合作做一些事情。在合作中体会分享的好处和乐趣。比如，做一些需要协作性的事情，在做事的过程中，男孩和朋友会为了共同的目标而努力拼搏，把自己的思想分享给朋友，朋友也会把他的想法告诉你，在这种协作过程中，男孩自然而然就会学会分享了。

男孩不能太小气，不要对分享产生怨恨情绪，要慷慨大方地把自己的东西分享给朋友。如果实在是不想把自己喜欢的东西分享给朋友，也不要强迫自己，要一步一步来。随着年龄的增长，男孩的心智会逐渐成熟。这时候，男孩自然就会明白，和朋友分享快乐和忧愁，比自己独立体会时，要更令人感到快乐。



## 不卑不亢，做个有正义感的人

春秋末年齐国宰相晏子奉命出使楚国，因为他身材矮小，楚国人就在大门旁边开了狗洞，请晏子从小门进去。晏子不肯进，说：“只有出使狗国的人，才从狗门进。我现在出使的是楚国，不该从这个门进。”司仪只好领他改从大门进去会见楚王。

楚王说：“齐国难道没有人了吗？”

晏子回答说：“齐国的临淄有三百个居民区，所有人要是把衣袖举起来，可以组成一道围墙；大家甩一下汗水的话，就像下了一场大雨，怎么能说没有人呢？”

楚王说：“那为什么派你当使者呢？”

晏子回答说：“齐国派遣使者根据出使国的情况而定。贤能的人就派往有贤明君主的国家，那些无能的人则派往君主无能的国家。我晏婴最无能，所以出使楚国。”

相信这个故事，很多男孩都在课本里学过，这也是关于不卑不亢

的成语故事。在人与人的相处过程中，有时候该以何种姿态来面对对方，是男孩在交际中常感到头疼的问题。男孩因为阅历尚浅，经常无法把握一个合适的度来保持自我。男孩与人交往时，既要看到自己的优势、长处，也要看到他人的优势、长处。在摆正自己态度的同时，也要体谅别人的难处。在和人交谈时，不自大骄傲，也不能过分谦虚而显得卑微无能。

男孩在向他人展示自己的时候，应光明坦荡，心态如一，保持一种风度，而这种风度，即是不卑不亢。

林肯竞选美国总统的时候，到国会演讲。他一踏上发言席，台下就有一位傲慢的议员指着林肯大声叫喊：“林肯先生，你也想当总统？请不要忘记：你不过是个鞋匠的儿子！”

整个会场顿时鸦雀无声。大家都注视着林肯，有的冷眼旁观，有的替他捏了一把汗。大厅里的空气似乎紧张得都凝固了。

林肯望了那位议员一眼，十分镇静，诚恳地说：“议员先生，谢谢你对我的提醒。我永远不会忘记我的父亲。他是一个很平凡的人，也是一个很出色的鞋匠，他一生做了成千上万双鞋，从来没有一丝一毫的马虎。无论谁穿过他做的鞋，都称赞他的手艺是第一流的。我小的时候也学着做过鞋，可是非常惭愧，从来没有像我父亲做得那样好。我相信，如果我现在做事能像我父亲那样认真，我就一定能成为一个好总统。”

林肯刚说完，全场立刻响起雷鸣般的掌声。

在面对议员的责难时，林肯用自己的机智回答了议员的问题，既表现出他的聪明才智，又让大家看到了一个不卑不亢的出色人才，最终博得了大家的认可，当上了总统。

所以，不卑不亢不仅是一种人生态度，这种态度还会感染身边的人，让他们发现男孩身上的发光点，并最终认可男孩，帮助男孩获得成功。

说到林肯总统，人们不得不提起另外一个人，他就是《林肯传》的作者——诗人卡尔·桑德堡。

当年，卡尔·桑德堡为了写作《林肯传》，一个人居住在密执安湖边。

每天早上，他准时出去，一边散步，一边构思。当地人说他准时得完全可以用来对表。有人为了开玩笑，花钱请了一位又高又瘦的演员扮成林肯，决定同桑德堡开个玩笑。

他们躲在远处，看着那位演员慢慢地朝桑德堡走去，然后两人交错而过……

演员回来后，大家围住他问："他干了什么？"

"什么也没干，只是看了看我。"演员说。

"什么也没干？"大家感到十分纳闷。

"他鞠了个躬，"演员诚惶诚恐地说："他说早上好，总统先生。"

见到总统却只是礼貌地打了声招呼。一般人在面对地位或能力比自己高的人时，会不自觉地表现出卑微感来，但卡尔·桑德堡却把总统先生当成了一个普通人，一个和自己拥有平等地位的人，并自然地和他打招呼。这即是不卑不亢。如果男孩在和人交往时缺少不卑不亢的精神，就会由于"卑"或"亢"和他人产生一定的距离及鸿沟，会

使男孩在交友过程中，无法和对方建立起友好和平的友谊之桥。

因此，男孩在为人处世时，应表现得不卑不亢，这对自己拥有良好的人际关系十分有利。

除此以外，男孩还要让自己做一个有正义感的人，不要对什么事情都表现得忍气吞声或“事不关己高高挂起”，这样一来，男孩心中的正义感就会逐渐消失。在面对人际关系时，也会影响到男孩对他人的判断能力，影响男孩的人际交往。

而且，只有一个人心中有正义之声，才会在面对他人时表现得不卑不亢，让自己的态度更坦然，更落落大方。

在培养自己的正义感时，男孩可以利用新闻、文艺作品中的事例给自己以积极的暗示，让自己通过理解，明白什么是善，什么是恶。比如，当男孩在看到警察抓小偷的新闻时，可以暗示自己，如果自己是小偷，偷东西对不对呢？如果自己是警察，抓小偷是为了什么呢？在思考这些问题时，男孩再结合身边的教材，正确理解何为正义，怎样做才是坚持正义。

## 拒绝哥们义气

什么是义气？义气，就是所谓的刚正之气、正义之气，是人与人之间的一种道德关系。比如《水浒传》里的一百单八将，为了匡扶正义而劫富济贫，何等的义气。但是现在，很多青春期的男孩渐渐地曲解了义气的真正含义。崇尚哥们义气，经常为了朋友而两肋插刀——你帮我教训了一个“冤家对头”，我也替你给“仇人”放放血。

男孩为了哥们儿的一句话，而不分是非、互相包庇，自以为是正义的化身，为了哥们哪怕去杀人放火，也是正确的。因此，现在有很多青少年为了哥们儿而犯罪，最后付出了惨痛的代价。



小远是一名高中男孩，他为人豪爽，很讲义气，最喜欢看武侠小说，对书中行侠仗义的主角十分的崇拜，总想当一回为兄弟两肋插刀的大侠。

有一天，他正在大街上闲逛，突然有人拍了拍他的肩头。回头一看，原来是不久前结识的社会青年李斗。

两个人已经快一个月没见面了，刚认识的时候是不打不相识，当时就拜了把兄弟，这次重逢，小远感到很开心，便亲切地和对方聊起了天。

李斗说："咱们是好哥们，我不久前发了点小财儿，不能忘记哥们你啊，今天我是特地来请你'撮'一顿的。"

小远上个月刚刚过了18周岁，两个人便叫了几瓶啤酒喝了起来，刚喝一半，就听李斗说："我最近要出远门做些生意，有些贵重物品哥们能不能帮我存放一下？"

"没问题，有我看着，你只管放心。"小远马上答应了下来。

但李斗接着又说："只是你不要对别人说，以免出麻烦，我的东西挺贵重的。"

小远一听对方这么看得起自己，把这么贵重的东西放在自己这，心里很感动，马上答应了下来。

第二天，李斗就来到了小远家，但手里并没有拿任何东西。

"东西呢？"小远问。

李斗笑着说："白天搬目标太大，不安全，最好在晚上天黑以后搬。"

小远想想也是，就在晚上等着李斗来。

当晚，李斗开着一辆大卡车来到了小远家门口，小远一看，车上又是电视机，又是录像机，还有很多其他的数码产品，一看就是价格不菲。

他想问这些东西是干吗用的，但一想李斗是做生意的，可能就是卖这些数码产品的吧，既然是朋友的事，就不必管得太多，否则不仗义。

临走前，李斗给了小远一叠现金，说："这钱就当是仓库费了，等哥们发了财，肯定忘不了你。"

小远心想，这李斗真够义气的，用下房子还给钱，心里更美了。

小远家离市区比较远，附近又只有他们一家人，所以这么大的动静，也没吵到周围的居民。从此以后，李斗就经常往小远家拉运东西，有时候拉走一些东西，有时候是新添一些东西。

虽然小远渐渐对李斗有了怀疑，但他总是以哥们必须要讲义气为理由，把自己的怀疑压了下去。

直到有一天，李斗告诉他要去外地出差一趟。

而他走了没两天，两名公安人员找到了小远，告诉他李斗是一名偷盗惯犯，并收缴了李斗放在小远家的赃物。

公安人员问小远李斗在哪，但小远觉得既然是哥们，就不能出卖对方，就是不把李斗的行踪告诉公安人员，最终被带到了派出所，认识了错误之后，才被宽大处理，放回了家。

中国人向来都把义气看得很重，而现在的青少年也喜欢互相称兄道弟，醉心于哥们义气式的友谊，喜欢像武侠小说中描写的那样，认一个结拜兄弟。男孩认为只有这样的关系才是真正的朋友。但崇拜哥们义气有时候只是男孩盲目无知的表现，是一种非常不理智的行为。这样不仅不能让自己结交到真正的朋友，还会使自己陷入困境之中。就像故事中的小远一样，就算李斗是一名惯犯，小远也一味地坚信“既然是哥们，就不能出卖对方”。这样的想法不仅增加了警方办案的难度，也让他自己进了派出所，接受处理。

那么，男孩在和人相处的时候，要不要讲义气呢？答案是肯定的。义气，是人与人之间的一种道德关系，是良好的。但哥们义气却要不得，男孩应拒绝哥们义气，少和社会上的不良青年接触，要时刻反思自己的行为。明白哪些是真正的友谊，哪些是没有原则性可言的哥们义气。切莫为“哥们义气”而迷失方向，做出害人、害己的事情。

# 第七章

# 学习，也可以变得如此轻松

在很多青少年眼中，学习是一件枯燥的事情，他们宁愿和伙伴们一块去打球、运动，也不想面对索然无味的学习。其实，学习并不是男孩们想象的那么枯燥无聊的事情，只要找对了方法，掌握了技巧，学习也可以变成一件有趣的事。

## 释放压力，对抗“厌学季”

中学时期是男孩学习和发展的重要时期，但也很容易在学习中遇到多种问题，比如，厌学。处于青春期的男孩正处在活泼好动的时期，长时间待在教室里让他们感到受束缚。而很多学校为了让学生花更多的时间在学习上，把一些体育、音乐等课程都改成了自习，这让天性爱动的男孩更加讨厌学习了，继而产生了厌学的情绪，不想学习，逃避学习。

而且，有时候男孩觉得自己明明已经很用功的在学习了，学习成绩却始终无法提高，这让他们的自信心备受打击，逐渐对学习产生了畏惧感。再加上家长的责备和老师的批评，这使得男孩对学习更加厌倦了。

另外，压力过大也会导致男孩厌学。现在的家庭大多只有一个孩子，尤其是男孩，家长更是希望儿子能考个好大学，将来能有份好工作。有些男孩虽然努力，仍难以达到父母的期望，无形间让男孩感到压力巨大，而且这样的压力往往没化成男孩学习的动力，反而成了他们学习时的阻力。

王明性格比较内向，初中时成绩一直很好，家里对他的期望也很高。但自从王明上了高中以后，成绩开始下降，尤其是英语。虽然他很努力，每天背单词到深夜，可就是记不住。渐渐地，妈妈发现他学习的劲头大不如前，不会的功课也不再钻研，只要能完成老师布置的作业就行，有时甚至抄同学的作业。晚上打开书说是在背英语，可英语书下却藏着小说，父母教育他，他就当作没听见，该干什么干什么。

他对同学说：“妈妈整天让我考个好的大学，但我对自己一点信心也没有。”

原来，王明感觉自己大脑对英语似乎格外抵抗，怎么记也记不住，自己也想好好学习，可一看到课本就烦。虽然觉得对不起父母，但力不从心，自己也不知道该怎么办才好。就是讨厌学习，不想学习。

父母对王明的期望不仅没起到激励的作用，反而让孩子失去了上进的勇气。像王明这样内向的男孩，心事多半压在心里，父母的督促无疑让他感到更大的压力，不善于交流的性格使他很难找到排解压力的办法，只会使他越发地厌恶学习。

那么，厌学会对男孩造成哪些危害呢?

厌学会影响到男孩的前程。厌学最直接的影响是男孩目前的成绩，而成绩不好，则影响以后男孩所上的大学，好的大学无疑是男孩以后找工作的一个有利条件。

男孩的自信心也会受到厌学的影响。有些厌学的男孩不是不想好好学习，而是不良的成绩让他们觉得自己不如别人，自己不是学习的料，从而对自己失去信心。

男孩该如何摆脱厌学情绪呢?

男孩在学习中遇到困难时，如果解决不了，就暂时放一放，换其他的课程来学习。比如，当男孩在做数学题时，怎么也解不开难题，就可以先学习语文课程，读几篇好的作文素材，或看几首唐诗宋词。

等你换回数学时，或许有个新思路也说不定。

张帅是初三的学生，面临升学的题海战术，一点也没有烦恼的样子。他复习时桌上经常把所有的学科资料都拿出来，这样一来，当他物理题做烦的时候就会换自己喜欢的地理作业来做，学习效率提高了很多。

“一看到地理题，我心情立刻变好，等心情好了，看别的作业也比较舒畅。”他说，“这是老师教我们的法子。”

男孩在学习的过程中，要学会释放压力，让自己的厌学情绪得到缓解，这样一来，就不会觉得学习是一件痛苦的事情，而逃避学习了。比如，学习累了的时候，男孩可以听一些轻快的音乐，舒缓一下压力；放学后，和同学痛快地打场球赛也是个不错的选择，让压力在奔跑中随风而逝，让一场球赛换回你的激情。

刘星是位高一学生，成绩中上，父母对他的期望一直很高。刚开始的时候，刘星感到很不适应，尤其是考试没考好的时候，经常是整夜难眠。上大学的哥哥发现刘星的情绪不好，便对他说：“有什么心事跟哥哥说一声，别忘了，哥哥也上过高中。”

对啊，哥哥上高中时是不是也有压力，他是用什么方法排解压力的呢？想到这里，刘星便把自己的情况告诉了哥哥。

哥哥听后，对他说：“当时我的压力也很大，我记得那时候，我一不高兴，就会找时间和同学去游泳。你知道我最喜欢游泳了，每次游泳之后我就感到浑身都是劲，压力什么的早没了。你不是喜欢篮球吗，要不要老哥陪你玩一会？”

“好啊，自从上了高中，我还没打过球呢。”被哥哥一说，刘星顿时来了兴致。

“真是痛快，好久没打得这么尽兴了。”一场球赛过后，刘星兴奋地对哥哥说。

“怎么样，没那么压抑了吧，哥哥的办法还不错吧！”

“好多了，谢谢哥。”

由此可见，学习有压力并不是件可怕的事情，厌学也并不代表你就和学习彻底绝缘了。只要男孩在感到厌烦的时候找到适当的排解方法，既可以缓解压力，又能让自己远离厌学情绪。就像上例中的刘星一样，做些自己喜欢的运动，让自己获得一份好心情，静下心来学习。

最后，“细心”也可以帮男孩走出厌学的困扰。成绩不好并不是自己比别人差，很可能是自己不如别人细心，看看自己的试卷，有多少是因为粗心而丢的分，加上这些本能得到却失去的分数，看看自己的成绩是不是提高了很多呢？不少男孩都有粗心的毛病，如果能改掉，很快就会体会到成绩上升的喜悦，自然就不会再讨厌学习了。

## 老师不“顺眼”，不能迁怒在学习上

在学校里，男孩接触最多的除了同学，就是老师。但有时候，总有一些老师让男孩看着不顺眼，一看见他就觉得心里不舒服。

“英语老师怎么整天板着个脸啊，让人看了真难受，下节英语课不想上了。”

“我也不想上了，他老说我上课不认真听课，给我挑一大堆错。”

男孩在学校里经常会遇到自己不喜欢的老师，也有的男孩不喜欢某个老师，某个老师教的课也不想上，可最后吃苦果的却是男孩自己。

小明上初三了，教他数学的老师特别严肃。这个老师上课的时候，什么话也不说，上来就讲，课堂气氛很不活跃，而且也从不会在课下和同学开玩笑。

同学们都不大喜欢这个老师，尤其是小明。他一看到数学老师，就不想听课。这个老师阅卷特别仔细，无论多小的错误都会指出来，搞得小明的试卷上都是红叉，这让小明觉得这个老师更讨厌了，而小明也就不愿学数学了。

“一个单位忘写了，他都给标出来，他是不是对我有意见啊？”小明气愤地指着刚发下来的数学试卷说。

“不光是你，我这卷子简直就是‘满堂彩’啊，看看！”另一个同学抱怨地在小明面前晃了晃他的试卷。

“怎么会有这么讨厌的老师，以后再也不学数学了！”小明使劲地把卷子往桌上一摔。

之后，小明的数学成绩一次不如一次。

小明因为不喜欢数学老师，连数学老师教的数学也一并地讨厌，以至于发出“以后再也不学数学了”的感叹。这种做法最直接的影响就是男孩的成绩下降。这样的话，很容易导致偏科，甚至以后考大学

都会受到影响。为什么会出现讨厌老师就不想学老师教的课程的这种情况呢?

一部分原因就是有些男孩“恨屋及乌”。 这是一种不合理的、甚至有些盲目性的情感迁移。讨厌某个老师，感觉老师处处针对自己，这时男孩就会产生一种报复心理，而不学这个老师的课便成了很多同学的一种报复手段。

有些男孩认为学习是给老师学的也是其中的原因之一。有这种想法的男孩，如果老师对他好，他学习起来就会十分用功，格外听老师的话。一旦这些男孩因犯错受到老师批评后，就会觉得老师不喜欢自己了，甚至在老师批评其他同学时，感觉那些话其实是在批评自己，学习的劲头也大不如前了。

男孩的这种做法是不对的，那么，当男孩遇到自己不喜欢的任课老师时该怎么办呢?

首先，男孩应理智地将老师和知识分开。在遇到自己不喜欢的任课老师时，在心里这样地暗示自己：我是来学习的，我虽然不喜欢老师，但我也不讨厌知识，我应该以知识为重。有了这样的想法以后，男孩就会发现这门课程并没有自己想象中那么糟。

小强的语文成绩一直不错，老师经常把他的作文当范文褒奖一番。但是最近他的语文成绩总是不太理想，妈妈见状很着急，就问小强怎么回事。后来才知道以前的那个语文老师调走了，小强一点也不喜欢新来的老师，也不像以前那么喜欢语文了。

这时，妈妈耐心地对小强说：“孩子，你这样就不对了。别忘了，你上学可不是去欣赏老师的，你是去学习的。你不能因为不喜欢老师这点小事，就耽误了你学习的大事啊。”

小强觉得妈妈说得对，上课的时候尽量让自己的注意力放在上课的内容上，而不是老师的身上。不久，小强的语文成绩就渐渐地好转了。

在小强因遇到自己不喜欢的老师而影响课程学习时，妈妈的教导让他及时地摆正了心态，分清了事情的主次，才不至于让讨厌老师的心态影响到学习。有这种情况的男孩，可以借鉴一下小强妈妈的想法，避免影响到成绩。

其次，男孩应学着理解老师。当男孩感到老师的某些缺点或习惯难以接受时，要想到老师也是人，他们也会有缺点、也会犯错误。有的老师比较严肃，不爱和学生说笑，这可能是老师的性格所致，并不是他不喜欢学生，也许只是这个老师不善于表达罢了，有了这样的心态，男孩就不会对老师那么地抵触了。而且，男孩还应学会站在老师的立场上考虑问题，体会老师的用心，有时候对学生的严厉正是老师有责任心的表现，难道男孩不想有个有责任感的老师吗？

最后，男孩可以多找老师沟通。如果老师的某些习惯影响到了自己正常的听课，这时就可以找时间和老师沟通一下，如果觉得当面说不方便，也可以在交作业的时候，写张纸条夹在作业本里交给老师。比如，老师讲课时语速太快，同学都跟不上；有的老师板书比较潦草，自己看不清，这些情况都可以跟老师说，相信老师下次讲课的时候，一定会注意改正的。

# 做好学习计划

青春期的男孩在学习期间，应有一个明确的学习计划，规划好自己的学习任务和学习时间。这样才能有目的地学习，提高自己的学习成绩。很多时候，男孩因为爱玩的天性，在放学后要么和同学打球打到天黑，要么一边玩一边学习、写作业，导致大把的时间被浪费，学习成绩也随之一降再降。

所以，男孩为自己做一个学习计划，是很有必要的。计划能让男孩脚踏实地地一步一步去完成自己的学习任务。通过计划，男孩可以合理地安排学习时间，完成学习任务，提高自己的学习成绩。

而且，合理的学习计划还能锻炼男孩的意志力，让男孩面对学习变得更有毅力和耐心，充满自信地完成自己的学习计划，取得成功。

那么，男孩应该如何制订合理的学习计划呢？想要做好学习计划，男孩应该先对时间进行管理。哪些是玩的时间，哪些是学习的时间，要严格地做出计划，并按照计划实施，这样才能有效地提高学习成绩，做一名合格的优秀生。

小张是一名初中男孩，平时做事毫无计划，就连学习也是赶在最后一刻才去学，不到最后一刻，要么玩，要么不用心学，反正就是不好好学习，一点计划性都没有。

期末考试的时候，小张觉得这次的考试题目太简单了，十分钟就能搞定。所以他就开始走神了，答一道题，就玩一会儿，一会儿转转笔，一会儿画个画，把时间都浪费掉了。当老师提醒还有10分钟考试就结束时，小张才慌了神，看着没答几道的题目着急了起来。

“这道题怎么这么难解啊……完了，时间要不够用了……还有这么多题，怎么答啊！”小张急得眼泪都要掉下来了，早知道，刚才就先答完题再走神了。

结果，老师还是无情地提醒他，“考试时间结束了。”

“老师，剩下的题目我都会做的，可是没有时间了……”小张抹着泪向老师说道。

老师说：“刚才你一直在玩，我暗示了你几次，你也没有反应，我以为你全答完了，现在看来，你是一点计划也没有，这样可不行。你最好能做一个学习计划，把自己每天必须做的事情都写下来，并规定一个时间标准。当你在做这件事的时候，就按照计划和时间标准，把事情完成，学习也是一样，这样一来，你以后就不会遇到相同的事情了。”

小张听了老师的话，很受启发，当天就做好了学习计划，拿到了老师面前，老师提出了几点建议，帮他修改了一些不恰当的地方，让他以后就按照这个计划来学习。

一段时间以后，小张不仅做事越来越有计划了，学习成绩也提高了很多。

对学生来说，有一个合理的学习计划是很重要的。就像上例中的小张一样，当学习一点计划都没有时，他一边学一边玩，竟然无法在规定的时间内完成考试，不仅浪费了时间，也使学习成绩下降了很多。

男孩应给自己制定一个切实可行的日常时间管理表，把每天要做的事情、花费的时间都写在计划表中，并严格按照计划表中的计划来学习。当然，计划表中也可以把玩耍的时间定好，这样既有玩的时间，也有学习的时间，劳逸结合，男孩自然会体会到计划表的好处的。

在制订学习计划时，男孩应避免连续长时间的学习计划。因为长时间的学习会让男孩产生厌烦情绪，导致学习热情下降，使计划无法完成。男孩可以把学习计划分成几个阶段，当完成一个阶段的学习计划时，可以适当地放松一下，听听音乐、看看电视，劳逸结合，避免出现学习疲劳感。久而久之，男孩就会发现，自己学习的时间虽然变短了，但质量却提高了，而且，以前一小时都完不成的作业，现在只要三四十分钟就可以轻松完成了。

这就是学习计划的好处。

当男孩做好了学习计划后，最好不要轻易修改。否则就会形成习惯，一旦遇到其他的事情，令学习分心，就会为自己找借口，修改学习计划，这是很不好的行为，不利于男孩提高自己的学习成绩。男孩要根据自身情况来做学习计划。自己决定自己的学习目标和方法。不要让他人的意见动摇自己的决心，也不能总是依赖他人来完成自己的计划。男孩要学会分析自己的学习特点，根据自己的学习情况来制订适合自己的学习计划。并找出自己学习中的弱项，在计划中，多花时间和精力来学习这一项内容。

## 聪明男孩更应用心学习

男孩从小就比女孩要聪明，这是因为男孩活泼好动，不仅喜欢探索新奇事物，还会在“冒险”活动中不停地问为什么，学到更多的有用知识。但是，聪明的男孩也容易骄傲，他们认为自己已经足够聪明了，不需要再花费大把的时间和精力在学习上，只要能把考试应付过去就行。是什么原因让聪明的男孩变得这么消极，不爱学习呢?

其中最主要的原因就是，有些男孩发现在学习中自己掌握得比较快，不必太花心思。很多小学、初中的内容比较简单，而男孩子的思维又比较活跃，一看就明白，不必像其他同学一样需要花很多精力才能搞清楚。这样的对比之下，就会让一些男孩有一种“天资聪明”的优越感，认为自己稍微动点脑子就可以搞好学习，没必要整天泡在书堆里。

但这种“认为自己聪明，就可以不学习”的想法是错误的，它会给男孩造成不利的影响。比如，在男孩读小学时，学习内容比较简单，也许那种“不必很用功也能有好成绩”的现象会出现。可一旦进了初中、高中，开始接触较难的课程时，男孩如果依然用这种学习思维和态度来学习的话，就会造成男孩的成绩不理想，让成绩一降再降。

这种想法还会让男孩在成绩下降后出现消极的思想。有些男孩成绩一直不错，成绩突然下降，一时不清楚自己成绩下降的真正原因，就会消极地认为自己不如以前聪明了，而不是去努力学习以弥补以前

没有掌握的知识。而且一部分男孩看到自己因粗心而做错的题时，不是认真地去想为什么会在这里粗心呢，而是一看这题我会，就是一时马虎做错了，没什么大不了的，就放一边了。对自己失误的地方不做出总结，下次还会再错的，这样的做法会让男孩在考试中一再吃亏。所以，聪明的男孩也应学习。

男孩再聪明，也应该学会谦虚。聪明的男孩千万不要以为自己聪明，就骄傲自满，就可以不用心学习了。很多名人、伟人从小就十分聪明，但他们从来不骄傲，总是虚心向他人求教，认真学习，总觉得自己身上还有很多的不足之处，一直到老，都在认真努力着。所以，男孩聪明，也并非是完美的，要善于发现自己的缺点，并向他人学习。

康熙皇帝从小就是个聪明的孩子，但他并不觉得自己很聪明，相反，他在读书的时候比其他人更刻苦，更用心，每天读书的时间都在10个小时以上。到青年的时候，他已经将经史子集熟记于心。但是他并不满足于此，他觉得自己的学问还可以有所提高。在开始治理国家后，他得知了自然科学的重要性，便认真地学起自然科学来。

有历史记载，他曾多次召见对自然科学了解较深的外国传教士，如：白进、张成、徐日升等人。请他们轮流到养心殿讲学，内容包括天文、物理、测算等，就连外出巡视的时候，也会邀请张成等人随行，一有空闲，就请他们讲学。

康熙皇帝还经常向国内许多有学问的人虚心请教，使自己的学问更深，尤其是在自然科学方面，有相当深的造诣。他还采纳了数学家陈厚耀的建议，编纂了一本集当时数学之大成的《数理精蕴》，堪称百科全书。

康熙皇帝不仅聪明，还很好学，身为一国之主，他没有因为自己的学识和地位而骄傲自大，而是更加虚心向他人求学。这种精神是值得人们学习的。男孩不应以聪明而自负，要学会谦虚谨慎。

聪明的男孩不应忘记勤奋的好处。古人云：书山有路勤为径，说的就是勤奋在学习中的重要性。勤能补拙，勤也能为聪明的男孩在学习上锦上添花。

诸葛亮少年时代拜水镜先生司马徽为师，很快诸葛亮就以刻苦学习、勤于用脑深得司马徽的赏识。

那个时候没有钟表，就用日晷计时，但是遇到阴天下雨没有太阳的时候，时间就不好掌握了。于是，为了计时，司马徽定时喂鸡以训练鸡按时鸣叫。为了学到更多东西，诸葛亮想延长先生的讲课时间，可先生总以鸡叫为准。不久，诸葛亮就想到一个好办法：在上学时带些粮食装在口袋里，估计鸡快叫的时候，就喂些带的粮食，鸡一吃饱就不叫了，这样，先生就可以晚会儿下课。

但时间一久，先生就发现了诸葛亮的秘密，开始时先生很生气，但很快就被诸葛亮好学的精神打动了，对他更器重，对他的教育也更加地毫无保留。

对于先生的尽心教诲，诸葛亮学习越发地刻苦。通过自己的努力，诸葛亮终于成为一位上知天文、下知地理的饱学之士。

诸葛亮博学多才，人称“卧龙”，但他的成就也是通过努力学习得来的，如果他没有用功读书的话，怎么会“未出茅庐已知天下有三分呢”，又怎会出山之后屡立奇功呢？聪明的男孩应以先贤为榜样，认真学习，将来才能有所成就。不然只会白白浪费了自己的资质和大好年华。

最后男孩还应学会吸取他人的长处。古人云：三人行，则必有我师，说的就是即使一个很平凡的人，他的身上也有值得学习的地方。男孩应随时注意学习他人的长处，以他人的缺点为警戒，这是一个很好的提高自己的途径。

## 提高记忆力，应吃好睡好运动好

很多男孩都应该看过《射雕英雄传》这部电视剧，剧中的黄蓉有着过目不忘的本领，是很多人都十分羡慕的事情。经常为背课文、背单词而苦恼的青少年更是希望自己能得到黄蓉的“真传”，这样就不用起早贪黑地背课文了，也不用绞尽脑汁地去记那些数学公式了……但是这毕竟是一个美好的向往，很多男孩早晨背过的单词，到中午就记不起来了；老师课上布置的作业，下课就忘记了，记忆力实在是不敢恭维。

记忆力差让男孩的学习效率下降，当老师要求背单词时，其他的同学可能只需要半个小时就能背完全部的单词，但记忆力差的男孩却需要一个多小时才能记住。而在男孩还在背单词的时候，其他的同学或许已经在学习其他的知识了。而且记忆力差还会让男孩的自信心受到打击，昨天才背过的内容今天考试时却完全想不起来了，不仅影响了男孩的考试成绩，还会让男孩对学习感到灰心，对自己感到失望。

那么，为什么有些男孩的记忆力会变差呢？

睡眠不足是导致男孩记忆力下降的首要因素。很多时候，男孩为了不让自己落后于他人，不仅白天一刻不肯放过地学习，晚上还会挑灯奋战。但是，白天大脑一直工作，已经很疲惫了，晚上还得不到足够的休息的话，工作效率自然不会高。大量的事实证明，睡眠不足，就会出现疲劳、头昏脑涨等感觉，导致情绪不佳，影响记忆力。

压力过大是导致男孩记忆力下降的又一因素。有实验证明，长时间的压力过大，身体内的皮质醇就会持续增加，影响到大脑的功能，而导致记忆力减退。而男孩在学习中越记不住，心里的压力也就会越大，严重影响了男孩的记忆能力。

另外，饮食的质量对记忆力也有影响。不少男孩因为时间匆忙就随便吃点了事，有的甚至不吃早饭，这样会导致大脑营养供应不足。长此以往，对大脑的功能和记忆力就会产生损害。

王军是位初三学生，家离学校比较远，因怕迟到王军几乎每天不吃早饭就往学校赶，妈妈让他带早饭到学校吃，他又嫌麻烦。

每天上午没过一半，他就感到头晕恶心，但王军一直没当回事，反正一会就过去了，吃了午饭就没事了。但最近他经常感到精神不好，注意力难以集中，以前很容易记住的单词现在记起来特别吃力……

相信很多男孩跟王军一样，由于种种原因很少有吃早饭的习惯。不知道有这样习惯的男孩有没有感觉到记忆力大不如前呢？这是因

为，大脑的能量来源于葡萄糖，而这种糖在肝脏和肾脏中只能贮存8小时。如果不吃早餐，经过整晚消耗的人体已经没有充足的葡萄糖了，这会使大脑出现能量供应不足，引起记忆力衰退。

那么，男孩怎样才能提高记忆力呢？

充足的睡眠是十分重要的，科学研究证明，睡眠不仅能帮助人们恢复精力，还能明显改善人体的记忆能力，提高男孩的记忆力。

刘明上高三，他不像大部分学生那样，每天看书到深夜。相反，他几乎每天都是按时早早睡觉，早晨和同学同一时间起床。但他的成绩并不比加班的同学差，甚至还要更好一些。

原因就是，他记东西比别人快。同学羡慕他记忆力好，他却说："其实我的记忆力一般，只是看书的时候注意力比较集中罢了。"

"可是，我也很努力地集中注意力啊，但就是没你记得快，记得牢。"同学沮丧地说。

"你每天哈欠连天的记得住什么啊，大脑有精神才能记得住东西！我以前有段时间也是每天学到很晚，可是，我不仅没记住昨晚看的内容，第二天一整天都因为没睡够头晕。所以，我就不熬夜了，干脆好好利用早晨头脑清醒的时候，专心多记些东西。"

"原来这样啊，看来我也得改变战略了！"同学深以为然。

上例中的刘明为什么记忆力好呢？因为他睡眠质量好，而睡眠不好就不容易记住东西，会严重影响人们的记忆力。相信很多男孩和刘明的同学一样，苦读到深夜，效果却不明显。有研究发现，青少年在学习过程中如果能好好睡一觉的话，会比不睡觉的人记的东西要多得多。而增加学习时间的做法，并不一定能学到更多东西，男孩应该明白“磨刀不误砍柴工”的道理。

其次，记忆并不是死记硬背，还要找对好的记忆方法。比如，对学习的内容理解记忆，只有把学习的内容理解了，才能记得牢，尤其是数学公式，理解它代表的意思才会记得好。对刚学过的知识及时复习，会起到强化记忆的作用。对于一些有特征的知识，可以用联想法，比如某些英语单词有些特别的发音，就可以根据单词的发音来记，如：romance（浪漫史）；有些单词是两个简单单词的组合，可以根据那两个简单的单词来记。如everyday（每一天），是every和day的组合，every有“每一个”的意思，而day是“天”的意思，结合起来就是“每一天”的意思。

另外，经常运动和合理饮食也对男孩的记忆力有好处。运动可以适当地释放男孩的学习压力，加速人体内葡萄糖的新陈代谢，减缓记忆的衰退，可以有效改善男孩记忆力下降的问题。有研究表明，饮食能调整大脑皮层的功能，有助于提高记忆力。因此，男孩不妨常吃一些有助于提高记忆力的食物，如鸡蛋、牛奶、鱼类，但并不是说只吃这些就可以了，因为只有均衡的营养才能让大脑保持在好的状态，记忆力更强。

## 提高学习效率

如何提高自己的学习效率，可能是每个青春期男孩都感到头疼的

问题。明明我已经很努力了，却总比其他同学慢一拍。而有些男孩学习成绩不佳,往往起因于学习效率不高。导致学习效率不高的原因有很多。不用心、没有计划、情绪不佳、环境不好等，都有可能成为男孩学习效率低的原因。但最主要的原因，还是和男孩的不良学习习惯有关。

著名教育家叶圣陶先生曾说过这样一句话：“什么是教育，简单一句话，就是要培养良好的习惯。”

良好的学习习惯是提高男孩学习成绩的主要方法之一。男孩应在学习的过程中，多总结、多思考，要多问自己几个为什么。比如，这道题为什么要这样做？我为什么能想到这种方法？还有没有更好的方法来解这道题呢？通过这些发散性思维的训练，男孩就会养成良好的学习习惯，学习效率自然也会提高。

朋朋是名初中男孩，最近作业量陡然加大，让朋朋感到措手不及。每天不知道要先写哪门功课的作业，学习效率一下子下降了很多。以前轻轻松松就能解决的家庭作业，现在不到晚上10点都做不完。

但是朋朋问同学的时候，同学们总是说：“我每天8点钟就能写完作业，看会儿书，就可以洗澡睡觉了，我觉得是你的学习效率太低了，这样参加考试的话会很吃亏的。”

听了同学的话后，朋朋再放学回家写作业的时候就在桌子上摆了个小闹钟，然后认真、细致地一道题接一道题地慢慢计算，不知不觉一个小时过去了，朋朋的数学竟然还没有写完。他仔细地算了算，发现自己一道应用题，竟然用了10分钟的时间才完全解出来，这也太慢了点吧。

好不容易把数学作业写完了，朋朋开始背诵课文，一篇很短的文章，他竟然用了半个小时的时间，还没有背下来。看看时间，已经快晚上9点了，但朋朋的英语和历史作业还没有写完呢，今天又要写到半夜才能睡觉去了吧。朋朋无奈地叹了口气："我的学习效率怎么就这么低呢？"

男孩做事磨蹭，学习效率低不仅是父母感到苦恼的事情，男孩自己也会为自己的"笨脑子"而难过。他们不明白为什么同学能一小时完成的作业自己却拖了三四个小时才勉强写完。其实，这可能和男孩从小没有强烈的时间观念有关。在男孩小的时候，无论是学习还是玩耍，他们都没有对自己进行时间效率的要求，大都是随着兴致来做事，结果导致男孩的功课加重后，开始变得没有效率，学习跟不上去了。

这也就是人们平常所说的"习惯成自然"。习惯的力量是强大且可怕的，一旦男孩养成了没有效率的学习习惯，就会变得做事拖拉、没有效率。所以，男孩如果想提高自己的学习效率，就要养成良好的学习习惯。

在上课听讲的时候，男孩要学会集中精力，认真听老师讲课，不要走神。如果实在是觉得学习比较枯燥无聊，男孩可以从自己喜欢的课程入手，如小实验等。在做自己喜欢的实验时，最好能营造一个安静的学习环境，这样更容易让男孩集中精神，把注意力放在实验和学习上。

在面对自己喜欢的课程时，男孩的精力比较容易集中，持续的时间也比较长。如果觉得一个人学习太枯燥，男孩可以和同学们一起讨论学习中遇到的问题和解决方法，吸取同学的学习经验，加以利用，

提高自己的学习效率。

除此以外，男孩在学习的过程中还要充满自信，学会用心，要有学习的紧迫感。只有感觉到时间的紧迫，男孩才能有效率地写作业和学习。试想一下，当男孩第二天一上学，突然发现自己前一天的作业没有写时，就会赶紧拿出作业本来赶作业，这种时刻，可能你只用了10分钟，就把以前需要半个小时做的作业做完了。而且因为精神高度集中，作业的质量也不会下降多少。这是因为男孩在赶作业的时候，有明确的学习任务和限定的时间，如果没有在限定的时间内把作业写完，那将会受到老师的批评，甚至还有可能被同学们嘲笑，这样的担忧让男孩充满了紧迫感，学习效率自然就提高了。但是当男孩在预习和复习功课时，因为不用及时地向老师汇报预习和复习的成果，所以男孩就缺乏了一些学习的积极性。这个时候，男孩很少会给自己提出具体的学习任务和完成时间，因为缺乏学习的紧迫感，从而降低了学习效率。

所以，男孩在学习的过程中，是否有紧迫感，是影响学习效率的关键因素。

另外，学习的过程，应当是男孩用脑思考的一个过程，不应让自己的不良情绪影响了自己正常的思考。男孩应该有过这样的经历，当自己心情好的时候，学习起来就会感觉特别轻松，脑筋也会“转”得特别快，一道题只要稍微思考一下，就会轻松地答出来。而当自己情绪低落或者是和他人发生争执时，脑子就会变“笨”，一点学习的意愿都没有，如果强迫自己去学习，经常是一道题解了无数次，还是答不出来，学习效率直线下降。

这是个人的情绪，影响了学习效率。因此，男孩保持良好的情绪来学习是一件十分重要的事情。在日常生活中，男孩应学会调节自己的情绪，以积极乐观的生活态度去对待周围的人和事，为自己营造一个轻松愉快的学习氛围，提高自己的学习效率。

# 第八章

# 做一个不平庸、为理想而奋斗的优秀男子汉

在生活中，有不少男孩会面临这样一个问题：常常看到自己的缺点，或者觉得自己有太多不足之处了，自然就比较气馁，不会或者不相信自己还有什么优点、长处。人们知道，世界上没有谁能做到完美无缺，每个人都有优点也都有自己的缺点。作为未来的男子汉，男孩们要勇于接纳自己的不完美，更要善于发掘自己的优势，为了自己心中的理想而奋斗，这样才不会虚度青春。

## 发掘自己的优势，不做平庸的男孩

在生活中，有不少男孩会面临这样一个问题：常常是看到自己的缺点，或者觉得自己有太多不足之处了，自然就比较气馁，不会或者不相信自己还有什么优点、长处。人们知道，世界上没有谁能做到完美无缺，每个人都有优点，也有缺点，正所谓“金无足赤，人无完人”。因此，男孩应该学会正确看待自己的缺点，不能因自己的某个缺点而自暴自弃，而是要想方设法去发掘自己的优势。

初中二年级的王亮出身于一个普通的家庭。他的父母都是普通的职工，受父母的影响他的性格有一点点内向。在班上，王亮不爱说话，学习成绩属于中等，在大都有个小特长的同学中他认为自己什么都不会，所以一向很少表现自己，几乎是“隐形人”。

后来，他们班上换了新的班主任，还组织了一次郊游活动。同学们共同在野外生活两天一夜，一起生火、一起做饭，大家玩得不亦乐乎。但王亮却一直把自己“隐藏”在人群的角落里，做完老师交给他的任务后，就坐在一旁默默地看着同学们玩耍。

“王亮，你怎么不和大家在一起玩呢？看大家玩得多开心。”刘老师见他总是自己一个人待着，便过来叫他和大家一起玩。

王亮摇摇头说：“我不会讲笑话，不能逗大家开心。”

“那也没关系啊，我们一起听别人讲，一起笑嘛。”

这时候，一个同学走了过来说：“刘老师，王亮就是这个样子的，他太闷了，一点长处也没有。”

王亮也说：“是啊，他们都会唱歌跳舞画画，我什么都不会，在这看就挺好。”

刘老师摇头说：“谁说你没有长处？我看你虽然不爱说话，但老师交给你的任务都能很好地完成。刚才我就发现了，你不仅把米淘干净了，在淘米之前，还仔细地把里面的小石子捡了出来，真是个细心的孩子！”

“是吗？我也只能做好这么点事，其他的事情就不行了。”王亮不以为然地说。

刘老师却对王亮说：“不能这么说，要是你连自己的优点和长处都不认可，怎么能发挥它们呢？”

“我也有优势？”王亮有些吃惊地问。

刘老师认真地说：“是啊！你的优势不就是认真、负责和细心吗？现在的人，不仅学生，就连大人都很浮躁，认真的人可是越来越少了，而你却拥有它，难道这不是你的长处和优势吗？”

见王亮有些似信非信，刘老师继续说：“王亮啊，你这样可不行，男孩就应该了解自己的优势和长处，这样才能拥有自信，在人生之路上取得更大的成就啊！如果你总是否定自己的优点，那就永远也看不到自己的长处，学不会欣赏自己了。”

“嘿嘿，谢谢老师的教导……”王亮摸摸头，对刘老师鞠了一躬。

经刘老师这么一说，王亮也觉得自己还是有些优势的，心情也随之好了许多，自信心也增强了不少。

上面例子中，王亮的生活比较普通，甚至说有些平淡，无论是成绩还是社交都不出彩。他也认为自己就是个平庸的人，没有什么优势和特长，不如其他的同学，时间长了，他的这种观点自然会影响自己的言行，从而产生恶性循环。如果听之任之，这将对他的成长、对他的未来都产生诸多的不利影响。幸运的是，新班主任刘老师发现了王亮的这个情况，并且敏锐地从淘米这件小事上发现了他的优点，并讲出了自己的想法，极大地鼓舞了王亮的自信心。

王亮在老师的帮助下，找到了自己的优势，那么，其他男孩是不是也会受此启发，主动去发掘自己的优势呢？要知道，世界上没有两片相同的树叶，也没有两个在各方面都完全一样的人。因此，每个人都有自己的与众不同之处，也都有自己的特长和优势，所不同的是，是否发现它并将之发扬光大。那么，男孩应该如何去发掘自己的优势呢？

拓展兴趣范围。对生活中的各种事物都应该大胆尝试，以拓展自己的兴趣范围，发掘自己的优点。不要因担心自己可能做不好，达不到自己的心理期待而退缩。一切事物都是从尝试开始，爱迪生发明灯泡的故事每个人都烂熟于心，可是真正能做到敢勇于尝试的人却少之又少。这是因为不断的失败会磨灭人们的自信心，使其对某件事情失去兴趣，从而导致其自我否定。其实只要敢尝试，就算不能取得成功也能从失败中学到很多知识，随着知识的积累最终能转化成自己的优势。

从他人的鼓励、赞扬中寻找自己的优点。曾有一位物理学家在回忆时说：上中学时，老师表扬我是“物理天才”，其实那个时候我的物理成绩并不是学校里最好的，但就这么一句话，成了他学习物理的动力，并使他走上了物理研究的道路。对男孩来说，认真对待老师对自己的表扬是一个发现自己优势的好方法。虽然老师的表扬在很多时候都是抱有鼓励的意味，但也说明被表扬之处自己有着闪光点。同理，自己也可以关注其他人对自己的赞赏，并谦虚地向他们请教，请他们帮助自己发掘这些闪光点，使之成为自己的优势。

## 坚守自我，不被他人所左右

张小亮是一名初二的男孩，他性格比较温和，很受父母喜爱。父母为了使他能更好地发展，给他报了钢琴、美术等特长班，还在课余给他请了家教，对此即使有些是他不喜欢的，他也按照父母的安排去学了。

在学校，张小亮还很受同学们的欢迎，大家都喜欢和他相处。因为同学们和他在一起时，不论自己讲什么话，讨论什么事情，都能得到张小亮的认同，这让同学都能感到自己受尊重。大家一起玩的时候，张小亮往往是做什么都行，从不与人争执。

在赢得好人缘的同时，张小亮也逐渐有了自己的烦恼：自己也是有想法的，无论是在家里还在学校，有时他也想提出自己的建议，但为了不伤和气他总是顺从大家。这让他感觉不到自己的价值，和同学在一起时，他觉得自己都快没有独立性了。为此，张小亮经常感到很烦恼，他应该怎么摆脱这种困境呢？

张小亮的遭遇说明了一个在男孩中普遍存在的情况：无论是人生理想这类的大事，还是一起玩耍这样的小事，男孩往往会听到周围人不同的意见和劝告，他们是应该听从并采纳呢，还是不予理睬呢？

其实，之所以出现这样的情况，是因为男孩处在青春期，社会阅历并不丰富，心理尚没有发育成熟，导致在自己的生活及发展方向上容易受到外界的影响。这种影响在小事上对男孩没有什么害处，但是如果习以为常就会在大事上也受影响，这就对男孩的前途及人生有较大的负面影响了。

古时候，有一个非常勇敢的士兵，每次打仗都表现得很出色，经常立大功，于是将军提拔他做了副将。刚当上副将的时候他很兴奋，每次行军都走在队伍的后面，高兴地看着这支浩浩荡荡的大军，体验做将军的威风。

有一次出征，他们将敌人打得落花流水，还带回来一支被俘虏的军队。俘虏们看到他走在队伍的后面就笑话说："看啊，他哪里是一个将军，分明就像一个放牛的老汉。"

副将听了以后，觉得他的话有几分道理，一个副将怎么能像放牛的人一样跟在后面呢，于是就骑马走到了队伍的中间，以为这样就比较得体了。可是，俘虏们又嘲笑道："还是个将军呢，躲到队伍里做什么，是害羞呢，还是害怕呢？"

士兵们听了都忍不住笑起来，他觉得很没有面子。心想，副将的确不应该躲在士兵的队伍里，便快速跑到队伍的前面，走在将军的身后，心想，"看你还有什么可说的。"俘虏们看见后骂道："不过就是个副将，还跑到队伍前面耍威风，真是不知羞耻！"

副将一听，马上红了脸，他勒住缰绳，骑在马背上原地不动，不知道该往哪里走。走在前面的将军回过头说："你想怎么

走就怎么走，何必那么在意别人的看法呢？”副将仔细琢磨了一下将军的话，忽然觉得自己还是比较喜欢走在后面，因为他可以看到整个军队的气势，然后飞马向军队的后面跑去，任俘虏们怎么说也不理睬，高兴地跟着自己的队伍前行。

故事中的这位副将就犯了和张小亮一样的错误：对别人的看法和意见过于听从，结果导致自己无所适从，甚至差点因此而影响自己的前途。其实，每个人的生命都是有限的，人们不能总是活在别人的眼里，总是让别人对自己做的任何事情都满意。

如今，有些歌星总是很在意歌迷对自己的看法，会因歌迷的意见而改变自己的风格，但这样做的结果是仍然不能让歌迷们满意。到最后，自己原本的风格丢失了，新的角色也没有扮演好，精神压力非常大。这些歌星总是觉得自己被限制了自由，其实，这是他们没有坚持自己的风格，而是过多地在意歌迷的看法，精神上受到了牵制，自己把自己装进了笼子里，当然不会自由，还会影响到事业的发展。

身为男孩，要知道自己的内心里到底想要什么，到底想做什么，只有坚持自己的本色才不会被外界过多地左右。而且，人生在世，作为一个男子汉只有做自己想做的才能够真正实现自己的价值，才能够让自己体会到成功的喜悦。

在东晋时期，著名的诗人陶渊明就是一个坚持自我的人，在人们争相追名逐利的时候，他毅然放弃了仕途，选择归隐田园，守着几亩薄田和几间茅屋过着自己的恬淡日子。虽然很多人都嘲笑他胸无大志，但是他很清楚，他不喜欢钩心斗角的官场，甘愿做一个日出而作、日落而息的农夫，闲暇时就弹几段琴、读几本书、喝几杯酒，做一个逍遥自在的诗人。正是有了在当时社会中这样“不合群”的追求，陶渊明才能放弃在别人眼中十分“可贵”的高官厚禄，而在山野之间自给自足，醉心于文学创作，才能给后世留下那么多的斐然诗篇。

人们可以设想下，如果陶渊明没有坚持自己的主张，他就不可能抛下自己拥有的一切，而潜心学问，更不可能成为一代大诗人。

无独有偶，1994年诺贝尔经济学奖获得者、德国教授莱茵哈德·泽尔腾也十分强调做人要坚守自我，要走自己的路。前几年，莱茵哈德·泽尔腾教授访问了我国的同济大学，并出席“同济大学泽尔腾经济管理研究所”揭牌仪式，还受聘为同济大学的名誉教授。这样一位当世顶尖的大经济学家，在接受采访时，对记者提出的诸多问题都谈了自己的见解，唯独拒绝回答“为年轻人的人生发展提建议”、“为年轻人的研究提建议”等这类问题，被一再追问下，他以“年轻人要走自己的路”来作答。按常理来说，作为一位大师级的人物，他肯定对自己的人生经历有着诸多的感悟，其任何建议对年轻人来说都显得十分宝贵，甚至能帮助年轻人少走很多弯路。但是他却拒绝回答这类问题，这意味着他拒绝给年轻人的发展施加任何影响，他认为年轻人有创造力，作为长辈和导师要放手，鼓励他们找到属于自己的发展道路。

从这个事例中，人们可以看出连诺贝尔奖获得者都认为年轻人应走自己的路，作为男孩是不是更要坚守自己的本心，在个人发展、学

习等事情上有自己独立的见解并努力走下去呢?

因此，作为男孩，在生活中，要活给自己看，不要太在意别人的看法。这样生活压力才会减小，精神上也比较自由。当然，走自己的路、活出自我并不意味着就不听取别人的意见。男孩的性格大多比较冲动、执拗，不听劝的话也许会误入歧途，这就需要男孩在有主见的基础上，能参考旁人的建议，善于吸取其中对自己有益的建议，而不是全盘接受，更不是毫无主见地把一切都交给别人打理。

## 勇于面对失败

有个周日，某初中举办围棋比赛，要求每个班都推荐围棋水平高的同学参加，并且还有机会与省围棋协会的高手交手。在以往，其他比赛时，很多同学都踊跃参加，但是这次比赛不少同学都没有报名，甚至连一些学校里的围棋高手都放弃了。这是什么原因呢?

原来，当同学们听到获胜选手们还可能会与省里的围棋高手们对垒时，纷纷打起了退堂鼓。他们惧怕失败，不相信自己能打败省里的专业高手，更担心因此会在学校里丢脸，干脆就找种种理由不参加了。

这个事例看似有些荒唐，其实在不少男孩中还是存在的。有的人有着自己的优势方面，但是有时会由于各种顾虑而放弃获胜的希望，还有的是因为自己在某些方面不如别人，就不敢与之比较，甚至为此而失去自信。这两种情况都是男孩面对生活和学习中的挑战时，不能接受自己一旦失败后的情况而失去自信的表现。由此及彼，男孩一旦有了这样的想法，也会因自己的某些缺陷而自卑，而这些都很不利于男孩的健康成长。

其实，人生之中不如意之事十有八九。男孩如果因为上述那些事情而对自己失去信心，那么在以后的人生之路中会有更多的磨炼和考验等待着自己，那时自己将如何应对呢？人们都知道冯小刚是我国的著名导演，是娱乐圈的大佬级人物，每天都有无数的人关注他的一言一行。当他的形象遭到了破坏时，他的应对也许对男孩有些启发。

冯小刚在多年前就患有白癜风，这对很重视个人形象的娱乐大亨来说是一个很大的打击。很多人都对他的病情很关心，纷纷替他寻找解决良方，也有一些对冯小刚不满的人正好借此嘲讽他。在众说纷纭之时，冯小刚在微博上做出了回应。原文是这样的：常遇热心人苦口婆心劝我治疗脸上白癜风且免费献出祖传秘方，在此一并叩谢。这病在下就惠存了。不是不知好歹，皆因诸事顺遂，仅此小小报应添堵远比身患重疾要了小命强。这是平衡，也让厌恶我的人有的放矢出口恶气。再者即使治愈，我也变不成吕布、黄晓明，顶多就一不用打底色的杜月笙。

冯小刚的这一自嘲式的回应，不仅化解了对手们的嘲讽，更展露了他豁达的胸怀。他能够接受自己所遭遇的一切，以坦然的心态接纳自己的不完美，体现了他不为困难压倒的内心世界的强大。

可见，接纳自己是一个人健康成长并不断发展的前提。试想一下，一个人如果不接纳自己，连自己的问题都不敢正视，那他怎么能引导自己向上呢？更何况，在生活中，不接纳自己的人常会把很多精力用在自我否认和排斥上，带着那么多对自己的不满和失望，甚至否

认和拒绝，又怎么可能健康成长呢？而一个人只有真正接纳了自己，才能够不断自我发展和完善。

体操运动员杨威是中国体操队的全能选手，他的体操生涯很辉煌，但也非常坎坷。他经历了很多次世界大赛，有过胜利的喜悦，也体验过失败的痛苦。

2004年的雅典奥运会杨威遭遇了滑铁卢，他带领着被大家称为体操“梦之队”的中国体操男队前往雅典，肩上担负着中国人民的厚望。所有人都盼着这支身经百战的队伍能夺下男团的金牌，但是，赛场上发生的状况让大家很是震惊，队员们的表现都不尽如人意，尽管最后奋力赶超，也仅仅获得了第四名。

男团失败后，杨威的压力非常大，接下来他还要争夺男子体操全能项目的冠军，可是，此时的他已经因团队的失败而深陷痛苦之中，很难振作起来，几番调整之后，他还是决定为自己的冠军一搏。这一次大家又把期望集中到了杨威的身上，他是中国体操队的领头人物，也是大家心目中的全能王。

杨威顶着巨大的压力，稳定地完成了前几项，就在大家为他即将到来的冠军而准备欢呼的时候，杨威在单杠上出现了重大的失误，一只手从单杠上滑落下来，身体刹那间失去了控制，尽管他重新调整了心态，但是整套动作依然完成得很吃力，最后以第七名的成绩告别了金牌。

这次失败给杨威的打击很大，他无法原谅自己，甚至产生了退役的念头，在队友和教练的帮助下，他终于从失败的阴影中走出来，决定再一次为奥运而战。

2008年，杨威又一次带领中国体操男队进入奥运会的赛场，赛场上飘扬的五星红旗让他和队员们激动不已，这一次，他们是作为东道主与其他国家的选手进行角逐，每个人都非常渴望得到金牌，在中国观众的呐喊声中，他们以出色的表现拿下了男团的金牌，而杨威更是以零失误的表演得到了一枚全能金牌，继1996年之后，他终于又将这枚金牌收进了自己的囊中。

在生活中，每个人都会经历很多次失败，如果不能从失败中走出来，就很难进步。男孩更需要接纳自己的失败，给自己改过和变得强大的机会。原谅失败并不是不思进取，而是为了理智地总结经验教训。当男孩因考试不及格而郁郁寡欢时，是很难进入良好的学习状态的，久而久之就会影响学习效率，给下一次不及格埋下隐患。

原谅自己的失败除了能帮助自己消除考试不及格的阴影之外，还能够提升自己的信心，让自己懂得珍惜生活，养成乐观的好心态。

有一位潜艇兵叫罗勃·摩尔，参军之前他在一家税务局工作，表现一直很不好。每次工作上的失败都让他很有挫败感，他无法原谅自己一次又一次的失误。慢慢地，他越来越不自信，也渐渐厌烦了自己的工作，经常发牢骚。有时还把情绪带到家里，动不动就和妻子吵架，生活一团糟。“二战”爆发了，他加入了海军做了一名潜艇兵。有一天早晨，他发现了一支日本舰队正朝着自己潜艇逼近，为了躲避日本舰队，他操作潜水艇紧急下潜，不过，日本海军又接连发射出许多深水炸弹，连续轰炸了12个小时，炸弹一颗一颗地在潜艇周围爆炸，他和战友们都感到非常恐惧。潜艇舱里寂静得可怕，曾经灰暗的生活浮现在他的脑海中。他突然意识到，和生命相比，那些小小的失误都不算什么。日军

撤退了，他和战友们都安然无恙，战争结束后，他重新回到了税务局，又做起了以前的工作，即使工作中出现了失误也不再闷闷不乐，而是想办法去解决，渐渐地，他喜欢上了自己的工作，也更加热爱生活。

罗勃·摩尔在生死存亡的关键时刻想起了过去的失败，他明白了失败并不是不可原谅的，所以他接纳了自己以前的失败，并在日后改变了自己的命运。作为男孩，如果还是深陷在失败的痛苦中无法自拔的话，那就给自己一个积极的心理暗示吧，“我是为了下一次的成功而原谅自己的”。普希金曾说，“而那过去了的，将成为美好的回忆”，只有接纳了自己的失败，它才会成为你美好的回忆，才会在日后迎来成功。

## 给自己找一个榜样和竞争者

孙云鹏是名高一的学生，他的成绩在班上属于中等，无论是什么课程他都认真听讲，也按时完成作业，但总觉得生活和学习中缺少点什么。他曾经仔细想过，但好像自己的一切都很不错，也没有明显需要的东西，这让他很是纳闷：“为什么总觉得生活中少点什么，总觉得没有意思呢？”

后来，在一次聊天中，他把自己的感觉和好朋友王磊说了。王磊是班上的学习尖子，同时还对发明创造很感兴趣，时常摆弄出些新奇的小玩意儿。王磊听完好友的诉苦后，沉思了好大一会儿，才慢慢说道：“我认为你是缺少心中的偶像，也缺少竞争对手，才让你感觉生活没有意思的！”

“缺少偶像？我也有喜欢的明星啊。”孙云鹏有些不明白。

“我是说你缺少的是偶像，这个偶像是一个伟大的人物，你很敬佩他，很希望自己以后能成为像他那样的人。比如，我就很崇拜爱迪生，也希望日后自己能成为一个发明家。”王磊仔细地解释道。

“哦，原来是这样，你这么一说，我还真感觉自己好像没有这样的榜样呢！”孙云鹏恍然大悟。

“那么，你说的竞争对手又是怎么一回事儿呢？”孙云鹏又问道。“是这样的，你有了榜样，就会向榜样的成就的方向去努力。但是那毕竟离自己的生活太远，如果你身边再有一个和你水平差不多的人作为‘对手’，和你竞争，你就会有压力，进步就会更快啊，当然你也就不会感到生活没意思了。”王磊解释说。

“嗯，你说得有道理。我想想啊，这样吧，我们作为‘对手’竞争吧。”孙云鹏笑着说道。

“好啊，咱们一起进步，不论是学习还是其他方面，都比一比哦！”王磊爽快地答应了。

孙云鹏感到自己的生活总缺点什么，后来在好友王磊的提醒下才发现是缺少了榜样的鼓舞和“对手”的压力，才让他感觉到日子平淡。这样的情况在很多中学生，尤其是男孩身上都曾出现过，在没有榜样和压力下，大都是得过且过，而一旦有了参考目标和竞争对手的压力，不少男孩就会迸发出强大的动力，很快就会做出让人刮目相看的成绩来。

可见，在成长中，找到合适的榜样和“对手”对男孩来说是一件大好事呢!

他的事业很不顺利，四十几岁的时候又被老板炒了鱿鱼，经济状况非常糟糕，连房租都已经负担不起了。儿子已经到了上学的年龄，可是他根本没有钱支付孩子的学费，妻子对他完全失去了信心，便领着9岁的孩子离开了他。

家庭破碎之后他一蹶不振，不是去酒吧喝廉价酒就是整天窝在自己租的小房子里，活得如同行尸走肉一般。

一天，他从破旧的小酒吧里出来，不经意间抬头看了看天空，他已经很久没有看过天空了。今天的天空好像被雨水洗过一样，干净、清明，阳光也特别灿烂。

这一切的美好让他暂时忘记了自己的处境，他仰着头，尽情地享受着阳光的爱抚。忽然一丝冷风掠过，他从片刻的美好中清醒过来，又想起了破碎的家庭和窘迫的经济状况，心里非常痛苦，满面愁容。

这时，一个小男孩走过来拉拉他的衣角，仰着头对他说：“叔叔，你长得很像拿破仑，就是那个大英雄。”

他蹲下身问：“孩子，你觉得哪儿最像呢？”

小男孩认真地说：“哪儿都像，简直是一模一样。”

他虽然知道小男孩的话并不可信，但是，他突然意识到自己好像就是拿破仑，心里的痛苦顿时减轻了许多。他冲小男孩笑了笑，说：“也许我真的就是拿破仑呢！”然后带着一丝喜悦离开了。

回到家后，他翻出一本《拿破仑传》来认真阅读，渐渐地，他发现拿破仑的精神慢慢渗进了自己的身体里，他的全身都充满了力量，对生活也有了热情，于是他决定以拿破仑为榜样，要做一番大事业。

从此他开始了自己的奋斗历程，只要遇到困难他就会想，“拿破仑不会放弃，我也不会。”凭着百折不挠的精神，他终于创造出巨大的财富，最后与妻子和孩子团聚了，一家人过着幸福的生活。

因为有了拿破仑这个榜样，这位失意的法国人才会重新振作起来，并且创造出巨大的财富，可见，榜样的力量是巨大的。如果男孩也想像这位法国人一样成为一名成功人士，那就给自己找一个榜样吧，从现在开始就向他学习，让他的精神鼓励自己不断进步。

俗话说“近朱者赤，近墨者黑”，要想成功，就应该多了解一些成功人士的奋斗故事，让他们的精神和事迹感染自己，从而改变自己的思维和行为方式。当自己把一个人当作榜样之后，自己就会从行为和思维上去模仿他，逐渐地，自己会抛却以前的懒惰和随意，变成一个有理想、有追求的人。

学习榜样并不是一种简单的模仿，而要让他们的精神融入自己的体内，否则自己只能学到一些皮毛。就好比一些盲目追星的人，他们总是把学习停留在表面，只注重模仿名人的装束，根本不去体会这些名人成名过程中的艰辛，所以到最后也没有取得什么进步。

竞争对手表面看来是自己的“敌人”，对自己有很大的威胁，但是从长远看来，竞争对手却是自己的朋友，是能够不断激励自己进步的朋友。假如同桌比自己要优秀一些，那么自己一定会产生“危机感”，因为老师和其他同学的注意力都被他吸引了。这时候，如果自己能够正确对待自己的竞争对手，把同桌当作刺激自己不断进步的朋友，并努力提高自己的成绩，那么用不了多久自己就会得到同样的关注。

四川泸州市有两个著名的制酒企业，一个是“郎酒”，一个是“泸州老窖”。很多人都怀疑，一个小小的泸州市怎么会产生两个这么强大的制酒企业呢？当记者问到两个企业的领导人时，他们都不约而同地说了一句话：“是对方让我们变得如此强大。”可见，正确对待竞争对手是促进自己进步的好方法。

有句俗话说“一山不容二虎”，其实，一山必须容二虎。只有一只老虎的山林肯定是死气沉沉的，而且这只老虎也不会有太强的战斗力，因为它没有竞争对手，没有竞争对手就没有压力，就没有想要强大的动力。时刻有竞争对手的“威胁”，才会产生强大自己的意识，并且还能够在与对手PK的过程中培养自己坚强的性格。

选择竞争对手也需要注意一些问题。所谓竞争对手，就是比自己强大，但是又不能强太多的对手。在学习上，竞争对手就是名次比自己靠前的，但距离又不是太远的同学。因为这样才更有利于促进自己进步。对手太强大，那么自己的压力就会过大，而且赶超他的概率也比较小，这样只会打击自己的积极性，让自己更加没有自信。

## 早立志早规划，人生才不虚度

有一个美国男孩，他出生在纽约的贫民窟，家里很贫穷。父母每天都要拼命地赚钱，根本没有时间管教他，于是，他就和贫民窟的小混混们走在了一起，成天打架斗殴，有时还要做一些小偷小摸的事情，让父母很头疼。

在学校里他也从来不听老师的教导，逃课、捣乱是经常的事情。有一天，他溜出教室，打算翻墙出去找他的混混朋友们，可是刚爬到墙上就被主任抓住了。这个主任在学校里是出了名的火暴脾气，被同学们称为“魔鬼主任”，各个刺头学生都不敢轻易冒犯他。

他站在墙头上吓坏了，哆嗦着双腿。主任厉声说了一句：“跳下来！”他只好从墙上一跃而下，准备任凭“魔鬼主任”处置。主任把他上下打量一番，然后突然大笑起来，说：“你这个小子，反应挺快的，一看就是当州长的料。”小男孩听了很惊讶，就连他的父母也没有说过他能成为州长。他看着笑眯眯的“魔鬼主任”，大声地问：“您确定吗？”主任说：“当然确定，我的话从来都不会出错。”小男孩听了很高兴。

放学后小男孩跑回家，兴奋地对母亲说：“我要成为纽约州的州长了，以后我们不用住在贫民窟了。”母亲疑惑地看着他，问：“孩子，你这是怎么了？”他笑着说：“我要当州长了，妈妈，您说州长是什么样子的？”母亲虽然不知道发生了什么事，但是，孩子能够有当州长的想法毕竟是好的，于是她就笑着回答孩子：“州长都是聪明、有能力又有涵养的人。”

小男孩记住了母亲的话，他励志要成为一个聪明、有能力又有涵养的人。从此，他开始努力学习，改掉自己的坏习惯，一直为成为州长这个目标而努力。终于，皇天不负有心人，在51岁的时候，他被选举为纽约州的第53任州长，他就是罗杰·罗尔斯。

罗杰·罗尔斯虽然出身贫民窟，但是从小就树立了要成为纽约州州长的远大目标，并为此不断努力，终于在51岁的时候如愿以偿。由此可见，树立远大的目标能够成就一个人的事业，改变他的命运。

远大的目标是一个人奋斗的动力，一旦树立了目标他就会好好地把握现在，严格要求自己，不会再迷茫和懒惰。

查理·斯瓦布出生在宾夕法尼亚州的一个小山村，从小过着艰苦的生活，以赶马车为生，生活毫无希望。一次偶然的机会他进入了卡内基钢铁公司，虽然只是一名临时的苦力工，但是从进入公司的第一天起他就给自己树立了一个目标，他要成为卡内基钢铁公司的总经理。为了实现自己的目标，他任劳任怨，从不偷奸耍滑，领导非常欣赏他的工作态度，两年以后就让他加入了公司，成为公司的一名正式员工。当然，这只是查理的第一步，他的最终目标是成为总经理。后来，为了让自己成为一名全能型的员工，他不只做好自己的本职工作，还去其他部门进行学习，如此辛苦奋斗了十几年，终于成功地坐上了总经理的位置。

如果他没有树立远大的目标，只甘心做一个苦力工的话，可能一辈子都会生活在社会的底层，永远也看不到成功的希望。

想要成功就得树立远大的目标，这个目标要有一定的挑战性，不能太简单。但是也不能不符合实际情况，否则会给自己太大的压力。树立目标要有自己的个性，要符合自己的特长和喜好，不能盲目随大溜。如果自己比较适合做商人，那就不要学别人非得成为一名政治家，如果自己是个做艺术家的料，那就不要迎合父母做一名数学家。总而言之，自己树立的目标既要具有挑战性，也要符合自己的特质。

俗语说“有志之人立长志，无志之人常立志”，所以，男孩的目标一定要长远而坚定，不能朝令夕改，否则不会有太大的成就。

想要成功，光有远大的目标还不够，还要有合理的计划。如果把人生当作一次寻宝的历程，那么目标就是要找到的宝藏，而计划却是手中的图纸和指南针。没有图纸和指南针就无法准确地找到宝藏的位置，所以，计划必不可少。

阿诺德·施瓦辛格从小立志要成为一名政界要员，但是，这个目标对一个出生在只有1200人的贫困小镇的孩子来说实在是太遥远了，不过他没有放弃。

为了实现目标，施瓦辛格制订了一个人生计划。他要从小事做起，先强大自己的身体，然后强大自己的内心和财力，最后再向政界进军，逐步实现自己的愿望。

他计划让自己成为一名运动员。一次偶然的机会，他在学校外的小湖边碰到了体操运动联合会的主席库尔，在库尔的帮助下，他走上了健美的道路。他从一开始就安排每天的锻炼时间、每年的锻炼成果以及最终要取得的成绩，而且每一步都走得很顺利，从第一次健美比赛的第六名到获得“欧洲先生”和“宇宙先生”的尊称，施瓦辛格的健美成就无一不在他的计划范围内。

自从“宇宙先生”的大名打响后，施瓦辛格就退出了健美界，转战影视圈，他想通过影视为自己创造更多的财富，赢得更多人的喜爱和支持，而且他也做到了。他塑造的硬汉形象吸引了很多影迷。拥有一定的财富和人气后，施瓦辛格毅然离开了影视圈，几番努力之后，终于在2003年成功地担任了加利福尼亚州的州长，而且政绩卓著，受到加州人民的爱戴。

阿诺德·施瓦辛格的成功正是源于他对自己合理的规划和认真实施，否则他是不会在体育、影视和政界都取得那么大的成就的。对于男孩来说，合理的计划能够充实自己的生活，激励自己不断地进步，宝贵的青春才不会虚度。倘若一个人没有计划，那么他的生活就会太随意，也很容易放松对自己的要求，慢慢地就会变得懒惰、懈怠。一个懒惰而懈怠的人是无法实现目标的。合理的计划还能够帮助验证自己的努力成果，如果实际的成果比计划要好，那么你就可以适当地提高对自己的要求，这样才能刺激自己进步。如若实际的成果不如计划的好，那么就要总结经验教训，或者把要求降低一点，或者改变自己的办事方法，争取在下一个阶段提高效率。

既然计划必不可少，那就要学会给自己制订一个合理的计划。这个计划要符合你自身的具体情况，时间安排不能太紧也不可太松，难度不能太大也不可太小，要综合考虑自己的学习能力、适应能力和身体素质，不要让自己的压力太大，否则会产生厌倦心理，容易半途而废。

## 为了梦想去实施自己的计划

2012年10月份，网上突然出现了一个新的名词—— 学霸姐，指的是清华的女博士生马冬晗，她以自己那近乎完美的学习计划和极强的执行力取得了学业上的极好成绩，并且还赢得了同学们以及众多网友们的一致赞赏，并亲昵地称她为“学霸姐”。虽然被称为姐，但马冬晗的年纪并不大，1989年出生的她在同学中还算是年龄较小的，但学习是最好的，而且她还是学生会主席，还常常与同学、室友们聚餐、一起逛街，真正是做到了学习、生活两不误。

在接受《京华时报》记者采访时，马冬晗说自己之所以能取得这么大的成绩，主要是自己的执行力比较强，在制订计划时，她会注重合理性，一旦确定下来就会尽可能地去执行它。当记者问她如何完美地协调自己的计划表和学生会主席的工作以及与同学交往时，她回答说，会根据实际情况调整自己的计划，在事后会补上学习。同时她也很重视与同学的感情，如果在聚餐和学习两者之间选择，她会选择前者。对于计划表，她坦诚也不会一昧地僵硬地去执行，会在实行中根据具体情况做修改，但整体来看自己的计划完成得还是不错的。

作为一个女孩子，马冬晗能做到合理计划并尽力去执行，那么作为男孩，如果认真制订计划并去实施的话，取得的成就也不会比女孩差。但是，为什么很多男孩都有计划，但就是没有取得预定的效果呢？其中最重要的原因就是：要大胆走出计划的第一步才行，而不能只计划不执行。

课间的时候，王强一直坐在座位上发呆，同桌看见后很惊讶，他笑着问："你在想什么？"

王强说："我想参加一次数学奥林匹克比赛，可是越想越觉得不可能。"

同桌疑惑地问："你为什么突然想参加这个比赛呢？"

王强叹了口气，沮丧地说：“我昨天给自己制订了一个学习计划，第一个目标就是在一次数学奥林匹克大赛中获奖，完全不可能啊！”

同桌说道：“其实很有可能。你看咱们班的李克，以前英语从来没有及过格，可是在上次的英语作文比赛中还获奖了呢！”

王强还是没有自信，垂头丧气地说：“我还是不敢想象，怎么也没办法迈出第一步，一想起每天都要面对一堆数字我就头疼。”

同桌拍拍他的肩膀，笑道：“其实没有这么困难的，我来帮你。”

王强看着他兴奋的样子，问：“真的有这个可能吗？”

同桌肯定地说：“当然，一切皆有可能。”

放学后，同桌带着他去学校附近的书店买了几本参考书，他说：“数学老师说了，这几本书是最好的，只要把书上的题目都琢磨透彻，保证你能得奖。”

王强听了很兴奋，但是，他刚翻开几页就皱着眉说：“这么难的题目，我怎么能学会啊？”

同桌笑道：“我跟你一起学，每天监督你，有难题我们就去找老师。”

王强高兴地说：“好，有个人做伴就有趣多了。”

在接下来的几个月里，王强在同桌的监督和帮助下解决了很多难题。比赛前一天，王强翻了翻这几本参考书，惊讶地说：“我从来没有做过这么多数学题，而且都做出来了！”

同桌也有同感，道：“其实我开始也不敢确定自己能陪你坚持这么久，谁知道时间这么快就过去了。”

王强的努力没有白费，他在这次比赛中获得了优秀奖，拿到奖状后，他跑回教室兴奋地对同桌说："我得奖了，这都是你的功劳！"

同桌笑道："这回你明白了吧，只要肯走出第一步，成功的机会是很大的。"王强笑着点点头，非常感激同桌的鼓励和帮助。

王强在同桌的帮助下勇敢地走出了第一步，并且实现了自己的第一个学习目标，心里非常开心。许多男孩都有自己的计划，不论是人生计划还是学习计划，如果不敢走出第一步的话，那就很难成功，其实只要迈出一步，和成功的差距就会缩小一步。

走出计划的第一步是需要勇气的，也许会觉得自己的理想太遥远，所以一直不敢迈出第一步，其实完全不需要有这些顾虑，奥巴马小时候也并不知道自己将来会成为美国总统，所以自己要做的就是大胆地往前走。如果一直无法鼓起勇气，那就多看一些成功人士的奋斗历程，看看他们是怎么走出第一步的。

布鲁金斯学会经常出一些难题来考验学员的推销能力。有一次，策划人员又想出了一个难题，让学员把一把旧式的斧头推销给布什总统。很多学员都觉得不可思议，一位总统怎么会买一把斧头呢，根本就没有什么用处，大家都没有勇气去尝试。可是有一位名叫乔治的学员却不这么认为，他认真地思考了一下布什的情况，发现他有一个农场，而且农场里种着很多树。乔治亲自去农场走了一遭，看到有些树木已经枯死了，他想，布什总统一定会修整这些树木的，只是用什么工具的问题罢了。于是，他就给

布什总统写了一封信，向他介绍了农场的情况，然后又分析了用旧式斧头砍树的好处。布什总统看到这封信之后觉得很有道理，直接给他寄去了20美元，买下了他这把一般人都不会买的旧式斧头。

如若乔治像其他学员一样觉得这件事不可能完成的话，那么他就不会成为“最伟大的销售员”之一。

可见，迈出第一步还需要自信，很多走不出第一步的人大都对自己的计划表示怀疑，他们总是觉得一切都不太可能。其实，只要愿意思考和付出，很多事情都是有可能的。

需要男孩们注意的是，在执行计划后，还要根据遇到的情况对计划进行相应的修正，而不能一成不变地去实施。前面“学霸姐”马冬晗的经历就是一个很好的例子。她虽然每周都有计划，但都会根据相应的情况去调整，当然调整的结果是更好地平衡了学习、生活等多方面的情况，更有利于自己的全面发展。因此，男孩无论是在今后的人生道路上还是在眼前的学习过程中，都要适时、合理地调整计划，既能提高自己的效率，又可以更好地实现自己的价值。

计划是指引人们前进的方向标，但是，并不代表人们就要被这个“方向标”所左右。计划一定要有灵活性，俗话说“计划没有变化快”，随着时间的推移，很多情况都会发生变化。人们在执行中不能一切都按照原来的计划走，要对计划进行适度的调整，在保证大方向不变的情况下做些改变，这样才能更好地实现自己的目标。

有时候人们制订的计划并不适合自身条件的发展，或者会影响自己的发展，那么就要抛弃一些不合理的计划，找准自己的发展方向，更好地实现自己的价值。诺基亚公司的领导人曾经计划让公司全面发展，不但立足手机行业，还经营了制药厂、化工厂、造纸厂等。但是，由于战线拉得太长，诺基亚的经营受到了很大的影响。领导人仔细考虑后发现了问题的所在，及时调整计划，放弃了对化工厂、制药厂等的经营，只专注于手机行业，这才让诺基亚快速发展成为全球电子业的巨头之一。所以，计划要根据具体情况进行删改，一定要有利于自身的发展，这并不是放弃，而是有智慧地选择。

# 第九章

# 坦诚相见，增进亲子关系

进入青春期的男孩，对待父母的感情是很丰富的，有喜，有怒，有哀，也有乐。但他们是天生的“伪装者”，总是喜欢把自己真实的感情掩盖在平静的外表下，而让父母捉摸不透。而他们自己在习惯了这种伪装后，也不知道和父母之间的关系到底是近还是远，很容易产生这样或那样的亲子问题。

其实，只要男孩摘下自己的伪装，用心去和父母交流、沟通，就能知道，父母有多么地爱你了。

## 和父母沟通，从聆听开始

王震从小就学习优异，一直都是同学们羡慕的榜样，老师和父母欣慰的对象，也是大家公认的“小百科”，不管谁有问题，都会找王震解决。

在学校里，大家都很喜欢这个笑容腼腆的大男孩，但回到家后，他脸上的笑容就不见了，取而代之的是一副漠然的表情，似乎对家和父母并没有那么深的感情。

王震的妈妈在外面总是夸儿子懂事，当有人问她是怎么教育孩子时，她却答不上来，只是尴尬地笑道：“我们平时工作忙，没时间教育他，都是他自己看书学习，可能是书读得多了，了解的知识也就多了，自然也就懂事了吧。”

其他家长听了王震妈妈的话，纷纷表示要给自己家的孩子多买些书，让他们来看。

但王震的爸爸妈妈其实也是有苦恼的，不仅他们苦恼，王震自己也常感到苦恼。因为，他不知道如何和父母说话，总是一句话听半截，然后就不听了。

这一天，王震的爸爸想关心一下儿子，就问他最近学习怎么样，有没有不懂的问题需要帮忙的。

他正在想如何回答时，就听到爸爸又问：“最近学习下降了吗？”

爸爸以为他不回答，是学习成绩下降了，本来还想安慰儿子一下，却见他刷的一下站了起来，不知道为什么，像是生气了。

“我的成绩才没有下降呢，你别胡说。”

“没关系……”爸爸最后一个“系”字还没说出来，就被王震打断了。

王震说：“爸，你怎么就不相信我呢，我的学习成绩真没下降。”

“我不是不相信你。”爸爸想解释，却发现儿子根本不听他的话，只好闭上嘴，什么也不再说，默默地走出了儿子的房间。

后来，每次爸爸妈妈来找王震聊天的时候，他虽然想好好和他们聊，但总觉得他们话里有话，肯定有其他的目的，所以不等爸爸妈妈把话说完，他就看着爸爸无奈地离去。王震这才后知后觉地发现，自己似乎误解了爸爸，难道他真的不是来责怪自己学习成绩下降的？

渐渐地，王震发现，自己竟然不知道如何和父母沟通了，向同学发牢骚时，同学一句话点醒了他。

同学问：“你真的认真听完父母的话了吗？”

“我……听了吧？”王震小声自问，这才后知后觉地发现，他似乎总是曲解父母的意思，从而打断了他们的话，从来没有认真听完他们的每一句话。

“那……那是因为他们太忙了，根本没时间和我说话。”王震为自己找了个借口，便走开了。

虽然现在社会竞争越来越激烈，很多父母不得不为了家庭和生存在工作中忙得焦头烂额，但这并不代表父母就不想和孩子沟通，也不能作为男孩不聆听父母说话的借口。

很多时候，青春期的男孩都会误解父母话中的真正意思，以为父母是来“找茬”的。而事实上，父母可能只是想来关心一下孩子，和孩子做一些语言上的交流和沟通。

男孩有没有想过，当自己在和父母说话时，如果总是不把父母的话听完，表现出一副厌烦的样子，这样的行为和表现会不会给父母也带来心理上的巨大伤害呢。如果是男孩在和朋友说话时，朋友总是拒绝和自己交流，次数一多，自己是不是就会想要疏远他，不再和他沟通呢？同理，父母也是一个平凡的人，被男孩拒绝的次数多了，就不愿意再和男孩多说心里话，而是用打骂训斥来进行交流。而面对这样的父母，男孩心里可能会更厌烦，更不愿意把他们的话听完。其实，父母的态度，很大程度上是被男孩“逼”出来的。

长期缺乏和父母之间的交流，会影响到亲子之间的关系，对男孩的成长是非常不利的，比如，男孩会出现消极的性格，还有可能影响到男孩的人生价值观。

那么，男孩应该怎么和父母交流呢？交流，就是人和人之间通过话语来彼此了解和理解。而有人说，就得有人听。所以男孩在父母说话的时候，一定要认真地把父母的话听完，不要总是不耐烦地打断父母的话，阻碍和谐的亲子关系发展。

男孩要多抽出一些时间陪在父母身边，试着和父母聊聊天，如果不知道说什么，可以先从聆听开始做起。听听父母在说什么，喜欢说什么，再根据父母的喜好，选择话题，进行愉快的交流。

等到男孩渐渐能和父母愉快地沟通后，男孩就可以试着选一些自己感兴趣的话题和父母一起讨论。在讨论的过程中，不要因为父母某些偏激的话语就“竖”起浑身的“刺儿”，要平静地听完父母的话，不要因为开头不是自己想听的，就打断不听了，没准父母接下来会给

自己一些很中肯的建议，为自己的人生路上亮起一盏明灯。

男孩也可以试着和父母做朋友。当男孩把父母看成是自己的朋友时，交谈起来可能就不会那么敏感多疑了。男孩要扮演一个好的“倾听者”，不要因为父母的“唠叨”而觉得不耐烦，试想，如果这是自己的朋友在和自己“唠叨”，在关心自己，自己可能就会更容易接受父母的话了。这样沟通起来会变得更顺畅，男孩的心情也会变好。

其实，说和听都是相互的。当男孩在说话的时候发现父母十分认真地在听，是不是会更想说一些父母爱听的话，愿意和他们聊一聊呢？同样地，如果自己愿意认真听父母的话，父母也会“迎合”自己的心理，说一些自己喜欢听的话的。

## 别伤了父母的心

刘兵今年13岁，刚刚升入初中，是一个淘气爱玩的男孩。从小，刘兵就是个捣蛋鬼，不仅在学校不听老师的话，总是和老师对着干。就连在家里，他也经常不理睬父母的意思，父母让他往东，他偏要往西。

吃饭的时候，妈妈让刘兵先洗手再吃饭，可刘兵偏不听妈妈的话，伸出手直接抓一把饭菜送进嘴里，嚼得津津有味。妈妈看在一旁，真担心他打球的脏手上沾染太多的细菌，吃坏肚子。

这样的事情屡禁不止，反正他就是喜欢和父母唱反调，越让他做什么，他越不做什么。

“这孩子怎么这么叛逆呢？真是越来越难管了！”爸爸妈妈

感叹道。

这一天，一家人正准备吃饭，妈妈让刘兵帮忙把客厅的桌子擦一擦，好摆放饭菜，但刘兵却吐着舌头边扮鬼脸边对妈妈说："不去不去就不去！"

"你这孩子，又不听话了，那帮妈妈把抹布拿过来，妈妈手里拿着东西，没办法拿。"妈妈只好退了一步，但刘兵依旧不肯听，眨眼的工夫就跑回自己屋玩去了。

妈妈只好自己忙碌起来，心里微微有些受伤，觉得自己总是宠着儿子，儿子却连这点小事也不肯帮忙。

摆好饭菜后，妈妈喊刘兵出来吃饭，刘兵正在房间里看课外书，正看得津津有味，自然不愿意听妈妈的话。

"再不出来饭菜就凉了。"妈妈喊道。

"不吃，我有我的自由，我要看书呢。"刘兵不客气地说道。

"很快就吃好了，吃完了你再继续看。"妈妈说。

最后被磨得没办法了，刘兵才从房间里出来，跑到饭桌前一顿狼吞虎咽。

"吃慢点，小心别噎着。"妈妈担心地说。

"你管我。"刘兵越吃越急，最后塞了满满一嘴的食物重新跑回了房间。

妈妈偷偷抹了抹眼角的泪花，无奈地叹了口气。

当男孩进入青春期后，自我意识初步形成，自然而然地就会进入"反抗期"。这种叛逆和反抗心理，因人而异，有些男孩可能表现得不是很突出，而有些男孩因为生活环境的影响，逆反性可能比较明显，在面对父母或其他人时，常常你说东，他偏往西，就和你对着干。

其实，逆反心理是孩子的天性，只不过在男孩身上更容易体现。它有消极的一面，也有积极的一面。因为，逆反心理表现越强烈的男孩，自我意识就越强，这样的男孩比其他孩子要更勇敢，更有创新精神，将来在社会上更容易做出一番大事来。但消极的一面就是让男孩是非不分、不辨好坏，一味地感情用事，难以接受来自父母的管教和教育，严重影响男孩的成长和生活。一旦男孩不能正确对待自己的逆反心理，就会让自己出现多疑、冷淡、固执等不良性格，对成长十分不利。而且，过分的逆反心理，还会让父母感到难过，心理受伤。

那么，男孩应该如何正确面对自己的逆反心理并纠正它呢？

首先，不能接受来自父母的过度保护。

随着男孩年龄的增长，他的思维和表达能力也跟着提高，对周围的环境有了自己的认知和感受，自我意识渐强，种种变化会使男孩的独立性越来越强。这时候，就应该根据自己的想法亲自做一些力所能及的事情，而不是处处接受父母的照顾，享受着父母的过度保护。否则，久而久之，男孩就会发现，自己完全找不到自我表现的时机，就开始出现逆反心理，渐渐反抗父母和他人。

洪亮喜欢看课外书，每个月的零花钱基本都用来买课外书了。而且，洪亮也很爱惜这些书。看书前都会把手洗干净，看完后还会整齐地摆放好，几乎不愿意在书上留下一个手印、一点褶子。

但这一天，他一回到家，爸爸就来向他借书看。

他犹豫了一下，很不想借给爸爸，虽然爸爸也是个爱书的人。

“万一你弄脏了怎么办，不借。”洪亮小声说。

“弄脏了我再给你买本新的。”

“不行，就是不能借。”洪亮最近总觉得和父母说话很讨厌，忍不住就想顶撞他们。

其次，男孩要了解自己在青春期特有的心理特点，知道逆反心理会对自己造成什么样的伤害，积极面对自己的逆反心理，并学着和父母沟通，纠正自己的不良情绪。但有些男孩不但认识不到自己逆反心理的危害，还以此为荣，让父母十分头疼。使父母对男孩感到伤心、失望，严重影响了亲子关系。

有时候，男孩就是不明白为什么自己要被父母管着，他们渴望自由，觉得自己已经长大了，能不听父母的话，自己为自己做主了。

对此，男孩可以和父母商量一下，自己“当家做主”，做一段时间的“掌权者”，体会管理家庭和父母的艰辛和劳累，这样就能知道为什么父母要管着自己了。

最后，要纠正自己的逆反心理，男孩要学会尊重自己、尊重父母。要虚心向父母学习和请教。父母的人生经历比自己要多得多，对待一些事情会想出很多方法来解决，考虑问题也比自己要全面。很多事情都是值得男孩去学习的。如果想要自己的事情自己做主，男孩就要提高自己的分析和判断能力，不要总是反感父母的管教，和他们对着干，这样做只会让自己难受，让父母伤心。

# 互相了解，多和父母聊天

刘涛今年15岁了，一直想养一只小狗。他从小就喜欢狗，总觉得毛茸茸的小狗很可爱，而且还很亲近人，比冷漠的爸爸妈妈强多了。

而刘涛的父母却不想让儿子因为宠物影响了正常的学习和生活，就一直不同意让他养狗。

就这样，刘涛对父母的怨气很大。每次一提到养狗的问题，就习惯性地和父母吵起来。

“刘涛，你不是一直很喜欢小狗吗，我叔叔前两天送了我一只，真的十分可爱，他家里还有两只，你要不要？要的话我这两天就帮你要过来一只。”有一天，班上的同学问他。

刘涛当然想要，可他不敢答应下来，就说考虑一下。

回到家后，他就对父母说：“这一次我肯定要养一只狗，不管你们答不答应，我都要养。”

“不行，你怎么会喜欢那种脏东西了，连自己都照顾不好，还想照顾小狗？不准养。”刘涛的爸爸不出意外地拒绝了刘涛的要求。

“我这次不是和你们商量，我是已经决定好了，只是告诉你们一声。”刘涛不免伤心起来，说出口的话也有些重了起来。

这时候，刘涛的妈妈走了过来，无奈地叹了口气，对他说：“不是爸爸妈妈不让你养，只是妈妈……”

“只是你们都不了解我的爱好，一定要打击我，对不对？以后这些事情我再也不和你们说了，你们也别总是来找我聊天了，反正你们也不理解我。”刘涛说完，就跑开了，留下爸爸妈妈连连叹气。

儿子从小就喜欢小猫小狗，他们早就知道，也很高兴儿子能有这份爱心，但是……

“要不然，就让儿子养一段时间？或许我对狗已经不那么过敏了。”妈妈试探地问。

原来，刘涛的妈妈对狗过敏，在刘涛很小的时候，他第一次提出要养狗时，爸爸妈妈就帮他从亲戚家要来了一只小狗，但没想到刘涛的妈妈却对狗过敏，第二天就因为呼吸不畅被送进了医院。

而为了不让儿子担心，他们一直不敢告诉儿子不让他养狗的真正原因。今天刘涛的妈妈本来是想解释清楚的，但儿子根本不听，还说以后不和他们说话了，这让人很难过。

而一直躲在门后偷听的刘涛也愣住了，原来妈妈对狗过敏，而自己竟然一点也不知情，难道他对父母的了解仅仅只有这么一点吗？

这让他挫败感很大，都不知道如何面对父母了。

很多时候，青春期的男孩会抱怨父母根本就不了解自己心里的真实想法，也不是真心愿意和自己亲近的。为了保护自己的自尊心，男孩开始疏远父母，不愿意和父母聊天，更别说是了解父母的事情了。

就像上例中的刘涛一样，父母其实是爱他的，想满足他养狗的愿意，但因为妈妈的特殊体质，而一再地拒绝他。父母看到他失望的样

子时，心里其实也是很难过的，但刘涛因为无法控制自己的情绪，而忽略了父母的感情，以为父母很自私，根本不了解他的喜好，更不愿意满足他的意愿。这让父母也感觉很无奈。渐渐地，亲子关系就会受到阻碍，让男孩和父母之间更加不理解，也更加不愿意吐露心声。

男孩应该怎么做，才能和父母做到有效沟通，互相了解呢？

男孩可以多观察父母，寻找父母的爱好，找一个和自己一样的爱好作为切入点，慢慢地和父母进行有效沟通和交流。在生活中，男孩可以让自己和父母忘记家长和孩子的身份，以朋友的身份来讨论共同的爱好话题。比如，同一个偶像、喜欢的花草、爱看的书等。男孩往往都乐于和别人讨论自己感兴趣的事情，就算是和父母一起讨论喜欢的事物，也会感到快乐。而当自己喜欢的东西也是父母喜欢的东西时，这种快乐就会加倍放大，男孩就会觉得父母也不是那么“不近人情”，自然而然地就愿意多和父母亲近，多了解父母，多和父母交流了。

每个人都有自己的秘密和不被人了解的地方，在他人看不到的地方，才会真正地表现出自己的喜怒哀乐。

男孩要学会理解父母的喜怒哀乐，并学着安慰父母。试想，当你自己的喜怒哀乐等心理情绪不能被亲人理解和抚慰时，是不是常常会感觉很委屈、难过，更不愿意将这些情绪展示在他人面前了呢？父母也一样，甚至因为大人的“面子”，可能会比男孩更会掩饰自己的情绪，不让男孩去多了解。

这种时候，男孩可以主动出击，经常和父母分享自己的喜怒哀乐，让父母感觉到自己对他们的爱，也感受到自己对他们的尊重和重视，让父母对自己有更多的了解和更全面的认识，有效地促进亲子间的和谐关系。让彼此互相了解、理解，更加理性地交流。

男孩要多给父母一些解释的机会。就像上例中的刘涛一样，本来妈妈已经打算把事实告诉他了，但他却不给妈妈解释的机会，从而错过了相互理解的大好时机。这对亲子间的关系造成了严重的损害。男孩不能只凭自己的想法就武断地下结论，要听一听父母的解释，了解他们心里的真实想法，再判断是否接受他们的解释。

男孩要多和父母进行语言上的交流，这样才能增进了解，让亲子关系变得和谐美好起来。



## 学会谅解

李算和同学约好周末出去玩，这天一大早，他就收拾好东西，急冲冲地吃完早饭，想要早点出门。

但是，他刚吃完饭，准备站起来走时，爸爸却板着脸走了过来，问他："昨天晚上是不是你进了书房？"

"对啊，我进去找东西。"李算说。

"你过来。"爸爸带着他往书房走，走到门口时，说："自己看看自己闯了什么祸。"

李算往书房一看，马上愣住了，原来，桌子上的墨水瓶不知道什么时候摔到了地上，整个木地板上都是黑墨汁，有些痕迹已经干掉了。

"不是我弄的，昨天我进来的时候还没有变成这样。"李算赶紧摇头否认。

"怎么？做了错事不敢承认了？害怕了？"

"我又没做错事。"

"还敢顶嘴！"爸爸伸手在李算的屁股上拍了一巴掌，他嘴噘得更高了，眼睛有些酸酸的，想哭。

"李算，你怎么还不出来啊，不是说好了7点出发吗？"这时候，和李算约好的同学等不及了，就上楼敲门。

同学刚进门，就看见李算被他爸爸扯着耳朵教训的场面，尴尬得不知道该怎么办。

"我下楼等你。"

李算感觉十分没面子，噘着嘴，鼓着腮帮子，就是不承认是自己把墨水瓶打碎的。

李算的爸爸也觉得这样也不是办法，就先让李算和同学出去玩了。

结果李算玩得一点也不高兴，对于爸爸冤枉他的行为，他觉得很委屈，很生气。爸爸还当着同学的面打他，让他"颜面尽失"，真是太可恶了。

想着想着，李算竟然想起很多因为父母本身的过错而导致他被教训、被冤枉的事情，心里更怨恨了。

每个人都会犯错，哪怕是身为成年人的父母也不例外。人在犯错的过程中会逐渐成长，变得更加成熟和有魄力，也会学会承担责任和向人道歉。所以，男孩不要强求自己有一个百分百完美的父母，在因为父母的错而受到责骂时，伤心难过之余不要怨恨父母，毕竟他们还是爱你的。男孩要学会谅解父母，体会他们的难处，坦然接受父母身上的小缺点。

不要对犯错的父母产生怨恨的情绪，这只会让亲情在男孩的心里逐渐变得没有地位，影响了亲子间和睦的关系。

那么，男孩应该如何正确看待父母的错误呢？

首先，男孩要学会原谅父母的小错误。父母对儿女的惩罚通常来源于对儿女的爱，但是作为成年人，他们的世界有更多的其他因素，影响了父母的心情和办事风格。有时候，父母只知道一种做事的方法，即便是在面对自己疼爱的儿子时，也只知道按自己的想法处理事情，而忽略了男孩自身的心情。男孩要体谅并原谅父母的“无知”。有时候，父母的不友善和惩罚只是因为他们没有足够的耐心来面对男孩，他们对待孩子的时候，是以他们自己的处事风格作为标准的，而非诚心为难孩子。如果换成是另外一个与孩子毫不相干的人，父母可能也会用这种态度来对待他们。

其次，男孩要明白父母也有犯错的权利，不能因为父母犯了错，就否定他们这个人，甚至是怨恨他们。这是不理智的行为。不过，父母的错误和青春期的男孩并没有任何关系，这只是男孩的爷爷奶奶和姥姥姥爷的教育方式出了错，所谓“种瓜得瓜，种豆得豆”，爱犯错的长辈，自然会“种出”爱犯错的小辈。所以，关于父母的错误，男孩要以这样的心态来原谅他们。男孩也可以借此来宽慰自己，“难怪我平时总爱犯错，原来是受父母行为、习惯的影响啊”。这样的自我解嘲，可以帮助男孩放松心情，缓解对父母的抱怨情绪。

再次，男孩要知道，父母也是一个有血有肉的平常人，作为父母，换个角色，可能就会成为男孩最好的朋友。所以，男孩可以在父母犯错的时候，进行自我暗示，把父母的角色偷偷换一下，把父母当成自己最好的朋友。试想一下，如果是你的朋友犯了错，冤枉了你，你会怎么做呢？我想，肯定不会像对待父母那样，心生抱怨，而是会有更好的解决方法，来和“朋友”沟通。重新定义自己和父母的关

系，原谅身为朋友的父母，男孩肯定能感受到不一样的人生。

如果男孩实在是无法谅解父母的错误，或者父母犯的错比较严重，严重到男孩无法原谅他们，这时候怎么办呢？

不知道男孩听没听说过“树洞”这个词。有这样一个故事，讲的是一个心怀秘密的小男孩，把树洞当作自己的倾诉对象，向树洞倾诉自己的烦恼和忧愁。在现在的网络上，“树洞”指的是那些静悄悄的，只为等那些心中有话要说的人来，讲出心中的苦闷和忧虑，然后如神灵启示般地解决他们的问题的地方。比如，网站、论坛等。

男孩可以借鉴“树洞”的方法，把自己对父母的不满意写下来。把心中的烦恼写在纸上可以帮助你整理感情并且搞清楚事情。把痛苦写在纸上也可以达到净化的状态。尽可能清楚而详细地写，把所有的事情都“倒”在纸上。当男孩写完之后，大声地读出来，然后把包在纸里的事情投入火中，烧了它。随着青烟升起，男孩会发现，自己的情感包袱也随之消散。感觉到的是烦恼与灰烬和烟气一同上升，消失，然后全都不见了，包括对父母的怨恨和不谅解。

## 一起做家务，体会父母的辛苦

赵九的父母一直工作很忙，陪伴在赵九身边的时间很少。为此，赵九感觉心理很不平衡，每次看到其他孩子都有父母陪伴着出去玩时，就羡慕得不得了。

这一天，赵九说：“爸爸，明天你必须得陪我出去玩，要不然，我就再也不理你了，也不认你这个爸爸。”

“可是，爸爸明天要工作，后天是周末，咱们后天再去玩吧。”

“不行，就得明天，反正明天你不陪我，我就不认你这个爸爸了。”赵九认真地说道。

赵九的爸爸实在是很为难，最近他也觉得陪伴儿子的时间比较少，才说服了领导，忙完手里这个项目，就调到一个比较轻闲的职位工作。可儿子怎么偏偏在这个节骨眼上闹脾气呢？！他难道不知道自己工作这么辛苦，都是为了他吗？

赵九确实不知道爸爸妈妈整天工作是为了什么，他只知道，这周，爸爸妈妈又不能陪在他身边了。

青春期的男孩很容易产生失望的情绪，就像故事中的赵九一样，因为父母不能陪在他身边，而感到失望、难过，甚至闹脾气，说出了“不认爸爸”的气话。

因为生活水平的提高，很多男孩在日常生活中只看到了物质方面的享受，而不知道自己之所以生活得这么轻松愉快，是父母如何辛苦换来的。在孩子看来，父母只是早上出门，晚上回家，然后就挣到了钱，比他上学读书轻松多了。但事实却不是这样的。步入社会的辛苦，并不是身为学生的男孩可以深刻体会到的。

如何才能让自己体会工作的辛苦，学会理解父母呢？男孩可以从身边的小事做起，体会劳动的辛苦滋味，再和父母多沟通，通过父母的描述，来理解工作中的父母是多么不易。

小华今年已经14岁了，但他一点也不会照顾自己，偶尔一次想自己洗次袜子，还把水盆打翻，袜子没洗成，衣服倒弄湿了。

而且，小华竟然觉得上班比上学要轻松很多，一直向父母抱怨学习的辛苦，想要跟着父母一起去打工。

“爸爸，我什么时候才能工作啊，学习太枯燥乏味了，我想现在就去上班挣钱，也省得你们天天念叨我就知道乱花钱，不体会挣钱的辛苦。真是的，挣钱有什么辛苦的，不就是坐在办公室里看看文件，批几个字就行了，我肯定能任胜的。”小华说。

“上班可不是这么轻松的事情。”爸爸笑道。

但小华就是缠着爸爸，让爸爸带他去上班。

爸爸最后没办法，就想了个办法，说：“那，从明天开始，你白天上课学习，晚上在家里‘打工’怎么样？”

“在家里打工？怎么打？在家里能做什么啊，又没有办公桌，又……”

“工作并非只有一种，没有办公桌，我们可以做其他的工作啊，比如，你和妈妈一起打扫卫生，做家务，这也是工作的一种。”

“可是……行吧，那我就把家当作工作的单位，看看工作到底有什么难的。”小华最终答应了爸爸。

他认为不就是做做家务活吗，肯定一点也不辛苦。

但第二天，小华刚和妈妈打扫完客厅的卫生，就累得满头大汗，直喊要休息。

“妈妈每天上班都会先把自己的办公室打扫一遍，不比现在轻松，然后还要辛苦地工作一天，你只做了这么一会儿，怎么就喊累呢。”

小华听后，这才知道爸爸妈妈平时上班有多辛苦，直起腰来说道：“妈妈，我一定认真学习，以后努力工作，不再让你们这么辛苦了。”

案例中的小华通过做家务活的方式，体会到了劳动的辛苦，知道父母上班工作是多么的不容易。劳动是我国传统美德，热爱劳动的人性格更开朗，也更容易在竞争激烈的社会中立足。所以，男孩不要报怨学习累，爸爸妈妈不陪自己，要知道，身为社会人的他们比你在学校学习累多了。

俗话说：“山不就我，我便就山。”如果父母没时间陪伴自己，男孩可以利用和父母一起做家务活的机会，多和父母聊聊天，拉近彼此的关系。

男孩要多替父母分担一些家务，建立良好的亲子关系之余，还能锻炼自己的动手能力。不要产生“万事有爸爸妈妈会为我做好”的想法，也不要逃避劳动，让父母为自己担心。

当然，男孩也不必强求自己一定要完成某些家务工作，可以根据自己的兴趣爱好来安排劳动任务。要知道，只有动手能力强的孩子，大脑才发育得更好，更能成为一个聪明的人。

## 学会感恩，给爸妈洗洗脚

乔林想买一身新衣服，但是乔林家里的生活条件并不好，而他看上的衣服还是品牌的，比较贵，但他就是觉得那件衣服好看，拿在手里爱不释手地反复看着。

这天早晨，他终于向爸爸妈妈开口，说要买那件衣服，理所

当然的，爸爸妈妈拒绝了他的要求，但答应了明天带他去商场看一看。

乔林不乐意了，他知道爸爸妈妈口中的商场，肯定是那些平价商场，买到的衣服都难看得很，每次穿着那样的衣服去学校，他都担心会被同学们笑话。

平时，爸爸妈妈也是尽可能地满足儿子的一切需要，他们觉得自己没多少本事，没能让儿子过上富裕的生活，但一些别人都有的东西，爸爸妈妈也都会满足他。

但这一次，实在是那件品牌衣服太贵了，爸爸妈妈觉得很难负担得起。

第二天，妈妈带着乔林去了商场，本来以为儿子会理解家里的难处，听话地买件平价衣服，但乔林却一点也不感恩，十几岁的大小伙子，竟然当街哭闹了起来，让妈妈的脸顿时羞得通红。

感恩是中华民族的传统美德之一。每个人都应怀揣着一颗感恩之心来生活，尤其是在面对父母时，更应学会感恩。父母不仅给了男孩生命，还为了能让孩子过上幸福的生活，起早贪黑地努力挣钱养家，如果这样都不心存感激，那还能感激谁呢？

懂得感恩能让男孩收获快乐。它是一种深刻的自我愉悦的方法，能让男孩学会宽容与博爱，而不是像上例中的乔林那样，无视父母的辛苦，毫无感恩之心，只知道胡搅蛮缠地享受生活。

面对父母时，男孩要始终怀着这样一颗感恩的心，去接受和体谅父母。不知道男孩听过“羊羔跪乳”的故事吗？

从前，一只母羊生了一只小羊羔。羊妈妈非常疼爱小羊，晚上睡觉让它依偎在身边，用身体暖着小羊，让小羊睡得又熟又香。白天吃草，又把小羊带在身边，形影不离，总是时刻保护着小羊不受欺负。

有一次，小羊问羊妈妈："妈妈，您对我这样疼爱，我怎样才能报答您的养育之恩呢？"

羊妈妈笑着回答道："我不要你报答，只要你有这一片孝心就心满意足了。"

小羊听后，扑通一声跪倒在地，用以答谢羊妈妈的一片深情。从此，小羊每次吃奶都是跪着。它知道是妈妈用奶水喂大它的，跪着吃奶是感激妈妈的哺乳之恩。

动物都能做到对父母感恩，人作为高等动物，怎么能连动物都不如呢。男孩要知道，懂得感恩的人，是具有谦虚之德、敬畏之心的人。而如果男孩的心里总是充满对生活及父母的不满和恨意，就会很难生出感恩之心。

男孩要学会忏悔自己的行为，想一想平时在和父母吵架、顶嘴的时候，是不是伤害到了父母，忘记了他们的恩情。如果是，男孩应该及时向父母道歉，不要觉得在家里父母肯定是宠爱自己的，所以就唯我独尊，一切都是父母的错，自己做的从来都是对的。这种极端的想法，会直接导致亲子间的关系疏远，让男孩和父母之间的交流遇到阻碍。

虽说大恩不言谢，但是，面对父母的养育之恩、教育之恩，男孩还是要大胆地说出感激的话来。不过，很多时候男孩都比较腼腆害羞，不知道如何把自己心中的感激之情表达出来。这时候，男孩可以直接用行动来向父母表达自己的感恩之心，比如，给父母洗洗脚。

从男孩出生开始，父母就一把屎一把尿地把男孩养育成人，只是帮父母洗洗脚，有何不可？但说句实话，现在很少有人会主动为父母洗脚。他们总是有各种各样的理由来拒绝向父母表达感恩之情的机会。在《河北日报》的一篇报道中，有这样一段话：“不会感恩，不仅使人对善举失去反应，对善良变得麻木，更使人很难体会到幸福与快乐……一个知道感恩的人，能容易得到幸福与满足。也正是因为如此，感恩成了道德良性互动的润滑剂。试想，如果在生活中，我们大家都能常怀一颗感恩之心，在得到别人帮助时衷心地说一声‘谢谢’，在与我们的父母、师长、同事等相处中，都时时刻刻想着对方的好，想着以德报德，甚至能够以德报怨，我们的人际关系、社会氛围是不是会融洽、和谐许多呢？”

所以，男孩一定要学会感恩，不用刻意寻找机会，当看到父母劳累了一天的疲惫身影时，就可以主动地接上一盆洗脚水，为父母洗洗脚，表达自己的感恩之情。

## 爸妈离婚了，他们还爱我吗

李阅一直是品学兼优的好孩子，不管是在学校还是家里，都深受人喜爱。但是最近，李阅的班主任却发现他精神有点恍惚，学习的时候总是无法集中精神，导致成绩一降再降。

今天上课的时候，班主任又发现李阅在走神，一副无精打采的样子，让回答问题的时候，也不举手，下课也不和同学们一起玩了，总是一副心事重重的样子，甚至有一次，班主任还发现他偷偷躲在角落里掉眼泪。

班主任觉得不能再放任李阅继续颓废下去，就找到了他，问："你最近遇到什么困难了吗？为什么学习这么不上心，这样下去可不行。"

"没什么事，就是心情不好。"李阅回答道。

班主任却不这样想，她觉得李阅心里肯定有什么事，但不知道如何向别人诉说。

于是，班主任把电话打到了李阅的家里，李阅的妈妈接的电话，听了班主任的询问后，也附和道："我最近也发现他有些不对劲，饭吃不香，觉睡不好，还经常对着书本唉声叹气，我一直以为是他学习上遇到困难了，可怎么问他，他也不回答。"

班主任和李阅的妈妈都很着急，但李阅怎么也不愿意开口说自己的心事。

没办法，班主任只好找到了李阅的好朋友，让他帮忙关心一下李阅。

同学找到李阅后问："你最近怎么了？精神好像不太好。"

李阅犹豫了一下，终于把自己的心事告诉了朋友。

他说："去年我爸和我妈离婚了，我跟着妈妈住，但是我又不想和爸爸变成陌生人，一直很想去找爸爸，但又怕妈妈伤心难过。当初他们离婚的时候我就说谁也不跟，害怕他们都不爱我，可他们还是离了，我现在真不知道该怎么办，怎么面对他们才能保持以前那种亲密的关系。"

"你现在不是跟着妈妈住么，而且你爸爸也经常来看你，他们肯定是爱你的。"朋友安慰道。

"谁知道呢。"没想到，李阅竟然这样说道，"当初他们

离婚的时候总是吵架，说了很多不该说的话，有好几次还提到了我，谁都不想要我，我知道，他们肯定是不爱我了。”说着说着，李阅一个男孩子，竟然掉下了眼泪。

“他们，只是说气话的，你别在意。”朋友不知道怎么劝他才好，而李阅也不需要他来劝自己，摇了摇头，就背起书包往家走。

父母离异，这在如今，已经不是一个新鲜的话题。但父母在闹离婚的过程中，有可能会出现一些过分的言语或动作，刺伤了青春期男孩的心，让他们开始怀疑父母是否还爱自己。不知道如何处理好离婚后的“两个家庭”关系。就像上例中的李阅一样。他被父母离异的事实所打击，心里有很多烦闷的情绪憋着却无法发泄，继而对生活失去了信心，对父母产生了隔阂，不知道如何面对他们，也无法适应改变后的生活，从而影响了学习和正常的生活。

其实，面对父母离异的事实，男孩伤心可以，但一定要适时地缓解心里的烦闷，不要让自己一直处于郁闷之中。这样只会让男孩忽略生活的美好，以及父母对自己的关心，使亲子关系疏远。

男孩可以选择用听音乐的方式来排解心里的不良情绪。如果可能，还可以和父母共同听一段喜欢的音乐，多进行语言上的交流，交换彼此对音乐的意见，拉近亲子间的距离，从而改善亲情关系。男孩在听音乐时，不要去想那些不开心的事情，比如，今天和爸爸吵架了，昨天和妈妈生气了等。这些事情都会影响男孩听音乐时的心情，反而会越听越烦躁，越听越觉得父母不再爱自己了，不想和他们说话、聊天。男孩要多想一些有趣的事情，闭上眼睛，在父母双方或一方的陪伴下，静静地体会音乐的美好，使自己的心情变得舒畅、愉悦。

男孩要明白，生活并非总是一帆风顺的，自己会遇到很多不愉快、不顺心的事情，但不论是什么样的困难，父母肯定是会站在孩子背后默默支持自己的孩子的。不管他们是生活在一起，还是各居一方，这种亲情是无法割断的。男孩要勇敢地面对这些困难，积极地想办法去解决，而不是像上例中的李阅那样，用消极的态度来面对父母离异的事实。

男孩要多和父母进行沟通，了解他们的内心想法，要相信自己，相信父母，要让自己的意志慢慢坚强起来，对未来充满希望。

# 第十章

# 男孩的保健法则

青春期的男孩活泼好动，正是长身体的时候，但也正是因为还处于发育阶段，稍不注意，就会影响到身体的健康。比如，看书姿势不对影响了视力、走路姿势不正确变得弯腰驼背、饮食习惯不良从而影响了身体健康、生活不规律让自己变得没有精神……

种种原因，都会影响男孩的身体健康。如何才能避免出现这些不良现象呢？本章就为男孩一一作答，让男孩了解正确的自我保健方法。

# 抽烟不是酷

进入青春期的男孩逐渐对吸烟产生好奇心，跃跃欲试，甚至还开始把吸烟作为自己长大成人的重要“标志”，如果知道小伙伴中谁不抽烟，反而会排斥和嘲笑他。但是，吸烟对青少年的身体健康极为有害，而且还会影响男孩的智力和学业。

放学的铃声响了，同学们一窝蜂地从教室里跑出来，呼朋唤友地结伴回家。小王也叫上好朋友一块回家。两个人边说边笑，一走出校门就习惯性地把手摸向了书包的夹缝里，在那里，有一个“秘密空间”，是他们两个人藏烟的地方。

小王点燃一根烟，吸了一口后，突然笑道：“今天我问咱们班的班委想不想抽烟，结果他说不想，真不是男人。”

朋友也笑了，说：“咱们班里现在还有几个男孩不抽烟啊，真是有个性，明天一定要让他抽上一根，要是不抽，以后都不和他玩了。”

小王说：“在班委的想法里，只有坏学生才会吸烟，而且，他还说吸烟对身体不好，那么多人都抽烟，不都活得好好的，瞎操心。”

“可是，我觉得自己最近学习成绩下降了，脑子里一着急，就想抽根烟来缓解一下，抽得多了，还咳嗽，会不会真有什么影响啊。”

“吸烟有害健康，包装上都写着呢，但应该没那么夸张吧，吸几口，还能得癌症？”

“我有一个叔叔，好像就是因为吸烟得了癌症不久前去世的。”朋友小声说。

小王吓了一跳，连忙把手里的烟扔在地上，说：“你别吓我，哪有那么夸张。”

“真的，要不……咱们以后也不吸了。”

“你还是不是男人啊，真不爷们。”小王也拿不定主意，但他怕被朋友笑话，挠着头说出这句话后就扭身走了。

一边走，他还一边嘀咕，“吸烟没那么可怕吧。”

回到家后，他第一件事就是打开电脑，在网上搜索了一些吸烟危害身体的内容，不看不知道，一看吓一跳，看着网上那些惊心动魄的事例和图片，小王吓得都快哭出来了。

吸烟对青春期中的男孩健康危害很大，对男孩的骨骼发育、神经系统、呼吸系统以及生殖系统都有一定程度的影响和危害。这是因为，男孩在青春期时，身体的各个系统和器官都还没有发育完全，功能并不健全，抵抗力弱，更容易被香烟中的有害成分侵蚀，影响身体健康和智力发育。吸烟会使男孩的呼吸道受损害，产生炎症，增加呼吸的阻力，使肺活量下降，影响青少年胸廓的发育。香烟中含有的大量尼古丁对男孩的脑神经也有毒害作用，它会使男孩的记忆力减退、智力下降，直接导致男孩的学习成绩下降。

而且，吸烟还会导致男孩的性发育出现问题。据了解，吸烟使睾丸酮分泌下降20%～30%，导致精子减少，甚至引发精子畸形。而且，开始吸烟的年龄越小，这些危害越严重，对男孩的身体健康越不利。

在香烟的烟气中，一氧化碳含量很高，一旦一氧化碳被吸入人体后，就会与血液中的血红蛋白结合成碳氧血红蛋白，使血红蛋白不能正常地与氧结合成氧合血红蛋白，因而失去携氧的功能。由于人的大脑对氧的需要量大，对缺氧十分敏感，一旦大脑缺氧，就会让男孩变得精神无法集中，出现头痛、头昏等现象。久而久之，就会使大脑受到损害，使思维变得迟钝，智力下降。



有一个小男孩，他总是出现发烧、咳嗽等症状，一开始医生以为只是轻微的感冒，所以只给他开了一些治疗感冒的药。可是一段时间过去后，小男孩的病越来越重，医生觉得很奇怪，就给他做了一个全面的检查。

检查结果发现，他的支气管上长了一个肿瘤，情况非常严重，医生赶紧安排了手术，帮他切除肿瘤，这才治好了他的病。从常理上讲，得这种病的患者年龄大多在40岁以上，一个青春期的小男孩怎么会得这种病呢？

原来，这个男孩已经有了两年的吸烟史，由于年龄太小，呼吸系统发育尚不成熟，还无法抵抗烟草中携带的病毒，因此就长了肿瘤。小小年纪就上了手术台，不但对他的身体造成很大的伤害，对他的心理也会有一定的影响。

所以，青少年一定要远离香烟，让自己健康地成长。

其实，处在青春期的男孩之所以容易染上类似吸烟、喝酒等恶习，是因为男孩大多想模仿身边人的一些行为或因好奇心引起的。

有的男孩是模仿自己的父亲，有的则是模仿影视剧中手里夹着雪茄的“大哥”和“老板”。这些“大哥”和“老板”在吸烟时总会流露出陶醉的感觉，而且还经常摆出几个帅气的造型，思想单纯的青少年自然会被这种华丽的包装所吸引，然后也想像这些“大哥”和“老板”一样有气派、有风度，所以就开始在好奇心的推动下，模仿大人吸烟了。男孩对成人的世界总是充满了好奇，什么都想尝试一下。但这一时期的男孩还不能正确分析事情的好坏，所以很容易误入歧途。

所以，如果男孩想要健康地成长，就要认真聆听师长的教诲，正确认识成人的世界，做一个聪明、理智的好男孩，远离香烟，珍爱生命，否则将来一定会追悔莫及的。

## 保护好自己的视力

刘强最近觉得自己的眼睛越来越不舒服，看黑板上的字总是看不清楚，因此总是把精神集中在黑板上，而忽略了老师的讲课。慢慢地，刘强的成绩出现了大幅度的下滑，这让他心里很着急，但越急，黑板上的字就像在逗他，让他越看不清楚。

“强子，你是不是近视了。”同学的话提醒了刘强，自己现在的种种表现，好像就是近视了。但是他为什么会近视呢？难道是看书写作业的时候趴得太低，影响了自己的视力？

刘强感觉有点郁闷。

现在近视的人群有越来越年幼化的趋势。很多男孩在初中甚至是读小学的时候，就开始出现视力问题了。导致视力衰退的原因有很多，但大部分都与男孩的生活环境和个人体质有很大的关系。比如，日常学习太累、用眼过度、遗传因素等。

男孩应该如何保护好自己的视力呢？

要选择光线充足的空间学习。充足的光线，可以让男孩得到良好的视觉信息，所以男孩在看书和学习的时候，一定要保证学习的空间有充足的光源，保护视力。当然，光线并不是越强越好，太强或太弱的光线都会令视力受到伤害，男孩可以在平常看书的书桌上准备一台护目灯，减少反光，降低对眼睛的伤害。

避免长时间地用眼。有些男孩在做某些事情时精神比较集中，经常一连几个小时都处于用眼状态，让眼睛长时间处在疲劳状态。比如，看书、写字、看电视、玩电脑时，男孩经常几个小时都不让眼睛休息一下，甚至有些男孩习惯晚睡，直到深夜才让眼睛得到休息，这样不仅影响了身体的健康，还使眼睛负担过重，很容易造成假性近视的出现。如果男孩要长时间用眼，应每隔30～50分钟就让眼睛休息片刻，这样既能让自己放松下来，也能缓解眼睛的疲劳状态。

在看书学习的时候，男孩也不要弯腰驼背或趴在桌子上看书，更不能躺在床上看书。在看书的时候，男孩的眼睛应与书本保持30～35厘米的距离，身体与课桌保持大约10厘米的距离，书本与课桌的角度要保持在30～45度。这是标准的读书学习的姿势，如果太靠近书本或远离书本，都会加重眼睛的负担，不仅会引起颈部肌肉和颈背的疲劳，还会导致视力下降。另外，需要注意的是，男孩在行走的时候，最好不要看书。有的男孩喜欢边走路边看书，甚至是坐车的时候，也喜欢拿本书出来看。但是走路和坐车的时候，身体会产生晃动，眼睛与书本距离无法固定，再加上光线忽明忽暗，反而会加重眼睛的负担，最后导致近视。因此，男孩应避免在走路和坐车的时候看书，不

要让自己的眼睛受到伤害。

眼保健操相信男孩都不会感到陌生，通过按摩眼部周围各穴位和肌肉，刺激神经末梢，增加眼部周围组织血液循环，调节眼部的新陈代谢，不仅可以消除眼睛的疲劳，还能增强男孩的视力，达到预防近视的目的。

眼保健操主要是通过按摩来让眼睛缓解疲劳，除了眼保健操，还有很多按摩方法，也能起到保护视力的作用。

一是捂眼法。闭紧双眼默数到8，在此期间可以把手掌半握扣在眼睛上，当心手不要碰到眼球，通过想象黑暗来放松眼睛。然后再放松眼部数到8，最后睁大眼睛，保持8秒钟。以上动作重复多次。

二是转眼法。身体坐直，眼睛平视前方，保持头部不动，全身放松，清除杂念，二目睁开，头颈不动，独转眼球。先将眼睛凝视正下方，缓慢转至左方，再转至凝视正上方，至右方，最后回到凝视正下方，这样，先顺时针转9圈。再让眼睛由凝视下方，转至右方，至上方，至左方，再回到下方，这样，再逆时针方向转 9 圈。总共做4次。每次转动，眼球都应尽可能地达到极限。这种转眼法可以锻炼眼肌，改善营养，使眼灵活自如，炯炯有神。

三是洗眼法。先将脸盆消毒后，倒入温水，调节好水温，把脸放入水里，在水中睁开眼睛，使眼球上下左右各移动9次，然后再顺时针、逆时针旋转9次。刚开始，水进入眼里，眼睛难受无比，但随着眼球的转动，眼睛会慢慢觉得非常舒服。在做这一动作时，若感到呼吸困难，不妨从脸盆中抬起头来，在外深呼吸一下。

男孩也可以在平时多吃一些具有改善视力作用的食物，以食疗法来保护自己的视力。日常生活中，男孩的营养摄取要均衡，偏食或过多摄入糖和蛋白质，会导致身体缺乏锌、钙、铬等微量元素，不利于自己的视力健康。男孩可以多吃一些富含维生素A、C以及含有铬和锌等微量元素的食物。

维生素A与男孩的视力密切相关。如果男孩摄取的维生素A不足，则视紫红质的再生慢而且不完全，暗适应时间延长，严重时还有可能导致夜盲症的产生。干眼症的发生也和维生素A摄取不足有一定的关系。富含维生素A的食物包括各种动物肝脏、鱼肝油、鱼卵、禽蛋、胡萝卜、菠菜、南瓜等。

维生素C可减弱光线与氧气对眼睛晶状体的损害。常吃西红柿、柠檬、猕猴桃、山楂等新鲜蔬菜和水果，可以有效补充人体所需的维生素C。

另外，随着时代的发展，科技越来越发达，电脑、手机、平板电视已经成为千家万户的必备家电。很多男孩从小就接触电脑等，学习之余便趴在电脑等前面，上上网，听听歌，但随着电脑使用时间的加长，男孩经常会感觉眼睛酸涩疲劳、视力模糊。为了避免因长时间使用电脑、手机而影响视力，男孩应减少使用电脑、手机的时间，不要让眼睛过度疲劳。当眼睛有异常现象发生时，一定要及时就医，以免对眼睛造成严重的损害。

## 多种训练，远离驼背

驼背是一种较为常见的脊柱变形，是胸椎后突所引起的形态改变，一般多发生于老龄人群，但近年来，青少年驼背的现象越来越多。这主要是由男孩长期以不良姿势学习而引起的。

驼背主要是由于背部肌肉薄弱、松弛无力导致的。如果是因为不良姿势引起的驼背，男孩可以借助于形体训练来改善自己的驼背。一般越早矫正，越容易让自己恢复正常的体形。

田林是个“大高个儿”，从小在同龄的伙伴当中就是最高的，读初三的时候，他已经有180厘米了。但这样的身高并没有为田林带来自豪感，反而让他苦不堪言。

因为田林虽高，却很瘦，小时候因为害怕别人嘲笑他的身高，走路的时候总是刻意地弯下腰，久而久之，他竟然形成了“驼”着走路的习惯。

“田罗锅，今天晚上出去打球吗？”同学拍了拍田林驼下去的背，笑问。

田林瞪了他一眼，说：“别叫我田罗锅，以后再叫，我和你急。”

“谁让你是驼背呢，不过你现在的情况还比较乐观，想想办法，矫正一下吧。”同学建议道。

田林也知道自己这个样子是不行的，可他已经“驼”习惯了，真的能矫正过来吗?

在青少年中，大多数的驼背都是由于长期的不良姿势引起的，就像上例中的田林一样。因为从小个子高，在自卑心理的作用下，形成了弯腰走路的习惯，渐渐让自己变成了“驼背”。其实，这种驼背，只要男孩多注意一些，进行一些专业的形体训练，就可以让驼背得到改善。

所谓的形体训练，其实很简单，就是让男孩多做一些舞蹈动作，以专业的形体训练方法，来改善自己的行、走、站、立姿势。具体方法是：站立，脚跟并拢，双脚脚尖向外打开180度，成“一”字形，在舞蹈中，这被称为“一位”。当男孩在这样站立时，会感觉自己比平时更加的挺拔和高大，这是因为，通过双脚的外开，使人体的重心向后移了很多。一般情况下，驼背的男孩身体的重心在前脚，而正常人的重心则是在脚跟，通过转移重心的方法，就可以让男孩轻松达到矫正驼背的目的了。

经过长时间的练习，男孩不仅可以改善自己的驼背，还能让自己的身材得到很好的锻炼，让自己的体形变得更健美。

当男孩在站立的时候，要下颌微收，双手自然下垂，两腿并拢，足尖向前。两肩平齐，双眼直视前方。最好能在镜子前面站立，这样就可以及时矫正自己的不良姿势了。掌握了基本的站姿后，男孩就可以进一步地做些造型动作。背部姿势保持不变，双脚前后错开或轻微扭动腰肢。

青春期的男孩自我调控能力差，很多时候都不会注意到自己错误的姿势，从而让自己变成了“小驼背”。比如在上课和写作业的时候，不仅端坐的时间长，还经常会有低头、窝胸等动作，这让韧带紧缩，后面的肌肉和韧带松弛，时间一长，就会形成脊柱韧带前紧后松的现象，慢慢地使脊柱的前缘被压变窄，形成驼背。可以说驼背同近视一样，是危害青少年健康成长的一大公害。

那是什么让男孩低头、含胸的时间变长了呢？这和学生的双肩背包有很大的关系。如今男孩的双肩背包过于沉重，而男孩如果长期用一种不正常的姿势来背负这些重量，就会引发背部弯曲。由于身上的双肩背包太沉，男孩们不得不弯起腰使劲背着。进入初中后，每个男孩的背包最多可达5千克重，这样的重量让男孩苦不堪言，每天背负着这样的重量来往于家庭和学校，肯定会伤害到背部健康。

懂点医学知识的男孩应该知道，骨骼是人体的支架，脊柱是中轴，由30多节椎骨按规律重叠连接而成。正常情况下，它有4个生理弯曲。颈段凸向前，胸段凸向后，腰段再凸向前，骶尾段再凸向后。脊柱向前弯曲度过大，就是驼背。想要预防驼背，男孩除了要注意自己的行、走、坐、立姿势，还应在锻炼身体的时候避免过度疲劳，注意营养均衡，适当晒太阳，补充钙质。男孩在睡觉的时候，应睡硬板床，不要垫过高的枕头。平时走路时要挺胸抬头，不要七扭八歪的，让身体处于不平衡状态。

下面我们来一起看一下，适合青春期男孩的矫正驼背的运动有哪些。

（1）爬行运动。两手和两脚尖着地，像婴儿一样在地上爬行。距离由短到长，速度由慢到快，进行直线或转圈爬行动作。需要注意的是，在爬行过程中，男孩应学会保护自己的手和膝盖，最好能戴上手套或护膝，避免磨破。

（2）练习太极拳。太极拳处处要求以腰为轴带动四肢，使腰部始终保持自然舒适直竖状态，对驼背有很好的矫正作用。

（3）挺胸转体。自然站立，两手叉腰，抬头挺胸，身体先向左转，后向右转，反复做30～40下。在做这套动作时，男孩要挺胸收腹，用力转动，但也不能用力过猛，以免受伤。

（4）俯卧撑。两手两脚同时触地，将头、颈和身体撑起。练习时曲肘推臂，身体挺直上下运动而不着地，反复15～30次。

（5）贴墙站立。两脚跟靠拢并齐，两腿夹紧膝盖稍用力后挺，臀部肌肉收紧，小腹微收，自然挺胸，两肩要平并稍向后张，两臂自然下垂轻贴身体两侧，脖颈挺直紧贴衣领，下颌微收，头向上顶。练习时使两脚跟、小腿肚、臀部、两肩及头部后侧均紧贴墙壁。

## 健康生活，不让自己变成“白头翁”

赵丰今年刚读初中，但他却像老年人一样，开始长白发了，而且还一发不可收拾，短短的半年间，已经大半华发变白发了。

这可愁坏了赵丰和他的家里人。赵丰看着爸爸的头发，再瞅瞅妈妈的头发，他们都还没有开始长白头发，为什么自己就变成“白头翁”了呢。

赵丰很发愁，但是他觉得，自己越发愁，头上的白发就会长得越多，这可如何是好呢？

正常情况下，人们在40岁以后才会开始出现白头发，这是因为随着年龄的增长，肾的精气逐渐衰减，导致头发的营养不足，渐渐地开始出现白头发。这属于正常现象，但如果青春期的男孩开始长白头发了，这就有点不正常了。就像上例中的赵丰一样，明明只是初中生，却比爸爸妈妈还“老得快”，提前长出了白头发。

这种现象，医学上称为少年白发，俗称“少白头”。即青少年时期头发就过早地变白，头发呈花白状。

中医认为，青春期男孩产生“少白头”的主要原因是由血热、肾气虚弱、气血衰弱等原因造成的。头发的营养来源于血，如果头发变白或脱落，多半是因为肝血不足，肾气虚弱。如果人体的脏腑机能旺盛，阳气精血充盈，毛发就能得到充分的濡养，从而显得又黑又润，还不易脱失。如果情况恰恰相反，先天不足，后天又缺乏调养，就会

导致白发早生，稀疏易折。

为什么现在越来越多的青春期男孩出现“少白头”呢?

这和我们现在越来越快的生活节奏有很大的关系。生活节奏过快，并不只是上班族深感压力，身为学生的青少年也会因为生活节奏加快而精神压力增大，这样就会引起机体内分泌紊乱，导致营养素摄入不均衡，最后产生“少白头”。俗话说“愁一愁，白了少年头。”压力过大、精神紧张、忧愁伤感、焦虑不安等不良情绪都是造成“少白头”的原因。现代医学认为，不良的精神因素，会造成供应毛发营养的血管发生痉挛，使毛乳头、毛球部的色素细胞分泌黑色素的功能发生障碍，影响黑色素颗粒的形成和运送。比如，当男孩在生活中遇到不如意的事情时，如果他忧思过度，导致肝郁气滞，使气血运行失和，使血不能荣养毛发而让头发变白。

另外，“少白头”的发生与头发中的黑色素减少密切相关。人的头发是由毛根、毛干、毛乳头等组成，露在外的一段叫毛干，埋在头皮内的部分叫毛根。毛根顶部的部分膨大如球，其顶部的凹陷部分叫毛乳头。毛乳头能制造很多黑色素，正是由于这些黑色素的作用，使人的头发呈现黑色。如果毛乳头在形成黑色素的过程中发生了障碍，就会影响黑色素的生成，男孩的头发就可能变白。而且，一些男孩喜欢把自己的头发染成黄黄绿绿的颜色，过早使用染发剂，也是导致“少白头”发生的原因之一。市场上的染发剂大多是化学产品。这些染料会对身体造成一定的毒副作用，会阻碍头发的健康生长，导致“少白头”的发生。

在一项实验中，科学家发现，如果黑鼠一直进食缺乏叶酸、泛酸、维生素等食物，就会导致营养失调，最后鼠毛便会变成灰白色。所以，科学家设想，青春期“少白头”现象很可能和营养失调有很大的关系。而且，当人体缺乏黑色素颗粒所需要的铜、钴、铁等元素时，也会出现白发。

如果男孩患有植物神经功能失调、甲状腺功能亢进、肺结核、伤寒、内分泌障碍等疾病，也可能出现白头发。这是因为疾病破坏或干扰了毛乳头、毛球色素细胞的生长发育，使它失去分泌黑色素的能力，阻碍了黑色素颗粒的形成。

还有一些男孩“少白头”则和遗传因素有关。如果父母或家族血统中也有过类似的现象，那么青少年发生“少白头”的可能性就会大大提高。一般来说，如果父母头发白得早，男孩的头发也会白得比同龄人早。

青少年如何才能防治“少白头”呢?

首先，男孩应保持精神乐观，避免过强的精神刺激，因为乐观豁达的情绪对于防止早生白发至关重要。在情绪低落的时候，男孩应学习并运用心理保健和调节方法，劳逸结合，保持心情舒畅，避免产生过重的心理压力。

其次，男孩平时应多食新鲜蔬菜，饮食清淡而多样化，不偏食、不厌食，保持体内营养平衡，达到预防白发的作用。男孩还可以多吃些滋补食品，如核桃、芝麻、木耳等。这些对生发、黑发都十分有好处。

缺乏维生素B是造成“少白头”的一个重要原因。为此应增加这类食物的摄入，如谷类、豆类、干果、动物肝、心、肾以及奶类、蛋类和绿叶蔬菜等。还要注意多摄入富含酪氨酸的食物，因为黑色素形成的基础是酪氨酸，如果酪氨酸缺乏也会造成少白头。富含酪氨酸的食物有：鸡肉、瘦牛肉、瘦猪肉、瘦羊肉、兔肉、鱼肉及坚果类食物等。

因此，“少白头”的患者应经常吃一些益于养发、乌发的食物，

如豆制品、新鲜蔬菜、水果、海产品、鸡蛋等。中医认为“发为血之余”，“肾主骨，其华在皮”。主张多吃养血补肾的食品以乌发润发，如核桃、黑芝麻、黑豆、黑枣、黑木耳等。这些食物中都含有丰富的蛋白质及头发生长所需要的微量元素。

黑芝麻具有补益肝肾、滋润五脏、美容乌发等效果，对“少白头”的白发变黑有良好作用。黑芝麻也可以和海带一起煮食，对于因体虚而产生的头发早白具有很好的食疗作用。

枸杞子性甘、平、无毒，是很多人都会选择的补益食物，不管是内食还是煎汤，都对头发早白有一定的治疗作用。

何首乌是很多洗发护发产品中的必用材料，对养发护发有很好的效果，用来熬粥喝，也对男孩“少白头”具有一定的食疗作用。男孩可以每天喝一点何首乌粥，让自己的白发变黑。

## 健康饮食，茁壮成长

冬冬是一名初中男孩，进入青春期的他身体发育得很快，只半年的时候，身高就超过了妈妈，但他的体重却增加得很少。看起来像个营养不良的“豆芽菜”。

冬冬一直很羡慕同班同学健壮的身体，看看自己的“排骨”身材，沮丧地低下了头。

“你说我平时吃得也不少，怎么就不长肉呢？”冬冬问同学。

同学笑着说道：“是吃得不少，全是零食。”

“不是说零食吃多了容易发胖吗？可我没觉得自己胖起来啊。”

“对于三餐正常的人来说，零食吃多了可能会发胖，但对于你这种只吃零食，不吃正餐的人来说，只能让你变得营养不良，瘦成小竹竿！”同学毫不留情面地说道。

冬冬撇了撇嘴，无法反驳同学说出的事实。

“从明天开始，我肯定不吃零食，多吃饭。”

第二天，冬冬还真的不再吃零食了，一日三餐都吃得很多，但这样做的结果不但没有让他长胖，反而因为急性胃炎住进了医院。

医生说：“这是暴饮暴食导致的，以后别吃那么多东西，胃肠道消化不了的。”

冬冬感觉很郁闷，吃得少了不长肉，吃得多了反而更遭殃，那他到底该怎么吃啊。

冬冬的烦恼，其实也是很多青春期男孩的烦恼。进入青春期后，男孩的身体会发生很多变化。这些变化让男孩体内营养的需求量急剧增加，稍不注意，就会导致营养不良或营养过剩，让瘦子更瘦，胖子更胖，对男孩的健康十分不利。

其实，男孩应该掌握健康饮食的方法，知道哪些饮食习惯是错误的，要如何才能吃出健康，吃出营养。不能一味地为了减肥或增加体重而节食或暴饮暴食。这样做只会让男孩像案例中的冬冬一样，不但吃不出健康，还有可能让自己的胃肠受损，甚至是住进医院。

那么，除了节食和暴饮暴食，哪些饮食习惯也是不可取的呢？

吃过热的食物。由于人的食道壁由黏膜组成，非常娇嫩，只能耐

受60℃以内的温度，当男孩进食超过这一温度的食物时，就会导致食道的黏膜被烫伤，让身体受损。过烫食物会使食道壁发生烫伤，而为了及时修补这些损伤，人体内的食道黏膜的上皮细胞就会加快增殖，一旦吃烫食的习惯形成，食道黏膜的损伤往往还没有完全修复就又被烫伤，甚至形成浅表性溃疡，如此反复一段时间后，食道黏膜就会发生巨大的变化，不仅对健康不利，还有可能发展成癌瘤，让男孩悔不当初。所以，男孩不管是在吃饭还是在喝水的时候，一定要确定温度在40℃左右，避免对身体造成损伤。当然，太冷的食物男孩也不应常吃，像冷饮、放凉的饭菜等，太冷的食物同样会刺激食道黏膜，加重消化系统的负担，很容易出现消化不良等反应。

一日三餐不按时吃。很多男孩不习惯吃早餐，午餐和晚餐也是感觉饿了才吃，没有任何规律。这样对身体是很不好的。不定时定量饮食，不仅会影响身体的健康，还会让男孩在学习的时候力不从心，影响学习成绩。另外，有些男孩因为运动量大，喜欢在吃饭前喝大量的水，这样做也是不对的。饭前大量喝水，不仅会加重胃的负担，使人有胀满不适之感，还会因冲淡胃液而影响食欲和消化能力。同时，由于胃酸被稀释，降低了杀菌能力，易感染胃肠道疾病。吃饭的时候男孩也不能蹲着吃饭，因为蹲着吃饭使胃受到压迫，很快感到胀满，影响胃对食物的接纳和消化。而且由于蹲着，全身的重量支撑在两条腿上，使下肢血液回流受到影响，也不利于血液循环的正常运行。吃饭的时候要细嚼慢咽，不能囫囵吞枣。如果男孩吃饭太快，就不能使唾液和食物充分混合以提高食物的消化效率，既不利于人体对营养物质的吸收，又容易打嗝。严重的可因吞咽不当，造成食物团梗塞气管而发生窒息的危险。而且，狼吞虎咽，还会使食物不经嚼碎就入胃，增加胃的负担，是成为胃病的重要诱因之一。需要注意的是，在睡前男孩不应再进食任何食物，因为睡前进食易伤脾胃。睡前吃东西会加重胃肠道的负担，影响胃肠的正常消化功能。同时，由于胃肠的容纳过量，睡下后胃满腹胀，既影响人睡又伤害身体，所以，男孩在睡前不应进食。

乱饮牛奶。青春期的男孩正是长身体的时候，所以家人会为男孩准备一些牛奶，让男孩每天喝上一杯。但是，喝牛奶也是很有讲究的，如果饮用不当，不仅不会增强体质，还有可能影响胃肠道功能，影响消化系统的正常运行。喝牛奶时，不能对牛奶进行长时间的高温处理。牛奶富含蛋白质，还含有极不稳定的磷酸盐，加热时呈胶体状态的蛋白微粒会发生很大的变化，当温度达60～62℃时，就开始出现脱水现象，蛋白微粒由溶胶状态变为凝胶状态，随之会出现沉淀。加热温度达到100℃左右时，牛奶中的乳糖开始焦化呈现褐色，并逐渐分解产生乳酸及少量甲酸，使牛奶味道变酸。如果男孩在煮牛奶时时间过长，就会使牛奶中的维生素流失，导致一些不耐热的营养物质被破坏掉，从而影响其营养价值。所以，男孩在喝牛奶时，只要牛奶一烧沸就要关火，不宜高温久煮。在喝牛奶的时候，男孩也不能空腹饮用。因为胃肠蠕动较快，所以空腹喝牛奶时，会使牛奶中的营养成分还未来得及消化就进入大肠，不能被充分吸收。而牛奶中的氨基酸会在大肠中转化成有毒物质，影响人体健康。最佳的喝牛奶时间是在早餐后1～2小时。

饭后马上吃水果。有一段时间，很多人都会说：“饭后一苹果，甜蜜又保健。”但饭后立即吃水果，会导致消化功能紊乱。因为食物进入胃内，要经过1～2小时的消化过程，才能消化掉。饭后吃进的水果会被食物阻滞在胃内，阻碍消化。因此，男孩吃水果，最好在饭前1小时或饭后两小时再吃。

# 早睡早起身体好

早上，李福是被三个闹铃叫起来的，昨天晚上玩电脑玩到半夜才睡，今天他有点不想起床了。可是今天是周一，他必须得去学校上课，这让他不得不从床上爬了起来，顶着两只黑眼圈洗脸刷牙。

“昨天晚上又熬夜了？妈妈告诉过你多少次了，不能总是熬夜，对身体不好，如果你再不听话，妈妈准备把你的网线掐断，以后别想着半夜上网了。”妈妈一见他这憔悴样心里就来气。

李福不以为然，这话妈妈都说过很多遍了，而且他也知道熬夜对身体不好，但总忍不住想多玩一会儿，到现在也没有感觉身体哪里不舒服，只是白天比较没有精神罢了。

“我知道了，妈妈，以后我会注意的。”他打着哈欠从洗手间走了出来，吃完早餐背起书包就出了门。

但是走在上学的路上，李福总觉得今天地面有点晃，眼前的东西也比较模糊，走着走着，扑通一声摔在了地上。

“李福？你怎么了？”幸好他的同班同学看到了他，吓得赶紧打120，把他送进了医院。

医生诊视后说道：“没大碍，只是睡眠不足，让他好好地睡上一觉就行了。”

就这样，李福躺在医院的病床上，一直睡了一天一夜，才精神饱满地醒了过来。

"你啊，以后坚决不能再熬夜了。"爸爸妈妈严重警告道。

李福终于体会到了熬夜的坏处，在以后的日子里，不管有什么好玩、好看的，他都会准时在10点以前上床睡觉。



熬夜会对身体造成多种损害，如经常疲劳，免疫力下降等。根据免疫学的研究，晚上11时到凌晨3时应该是美容时间，也就是人体的经脉运行到胆、肝的时段。这两个器官如果没有获得充分的休息，就会表现在皮肤上，容易出现粗糙、脸色偏黄、黑斑、青春痘等问题。对于不习惯早睡的人来说，最迟也要在凌晨1时的养肝时间进入熟睡期。而且，长期熬夜会慢慢地出现失眠、健忘、易怒、焦虑不安等症状。就像上例中的李福，因为长时间的熬夜，竟然在路上走着走着就昏睡了过去。真是让人又担心，又无奈。

人们常说：早睡早起身体好。据美国的一项最新研究发现，青春期男孩如果经常熬夜，还会增加患抑郁症的风险，严重时，还会让男孩产生自杀的念头。研究发现，与早睡早起的男孩想比，那些经常熬夜的男孩患抑郁症的风险要高25%左右。而且，睡眠不足还会影响青少年的注意力和学习能力，引起头晕、耳鸣、复视、手抖、动作不准确等症状，若是长期睡眠不足，可导致血脂和胆固醇增高，助长动脉硬化。若是儿童睡眠不足，容易发生语言障碍，影响生长发育，如口吃、个子矮小、呆笨等。

青春期的男孩要保证充足的睡眠时间，但并不代表睡眠时间越长越好。睡眠时间过多，对人不但无益，反而有害。据研究，床上休息时间过长有一种严重消除体能的后果。睡得过多，会使青少年变得懒惰和智力下降。如果男孩3天不活动，体力就会下降5%左右。因此，青少年保持每天8～9小时的睡眠时间就足够了，睡眠时间不能过长，

也不宜过短。

男孩不仅要早睡早起，还要注意如何保证提高自己的睡眠质量，比如，不睡软床、睡觉不蒙头等。

随着人们生活水平的提高，钢丝床、沙发床、席梦思床等已成为众多人的入眠之榻。然而，并非所有的人都适合睡这些床。因为软床可使脊柱骨骼正在发育成长的青春期男孩发生脊柱侧弯的情况，青少年很容易因为不良的睡眠姿势而导致驼背的产生。因此，男孩不能睡在过软的床上，最好睡硬板床。

有时候，男孩会在睡觉前喝大量的水，导致半夜被尿憋醒。但很多男孩不愿意在夜里起来，尤其是冬天的时候，晚上特别冷，男孩不愿意从温暖的被窝中钻出来，于是就憋尿。这样的行为对男孩的身体健康极为不利。因为，人的尿液中含有大量的尿素、尿酸等有害物质。尿液在人体内积蓄的时间如果过长，机体便会受到有害物质的侵蚀，因而容易得膀胱炎和尿道炎，酿成尿痛、尿血或漏尿等疾病。因此，冬季睡觉有尿意时，男孩要及时起床小便，不能憋尿。除了不能憋尿，冬天的时候，男孩也不能因为早上冷，就赖床，结果只会越睡越懒，让自己的体质越变越差。人在睡觉时，大脑皮层处于抑制状态，起床后通过呼吸新鲜空气，进行适当的全身活动，可以迅速消除大脑皮层在睡眠时的抑制状态，使全身肌肉关节和内脏器官的活动很快协调一致。如果总是在早上睡懒觉，男孩在白天就会变得无精打采，而且身体的抵抗力和适应能力也会随之减弱，很容易生病。所以，冬天男孩更应早睡早起，这样不仅对身体有利，而且也为男孩一整天的学习提供了有利条件。

在睡觉的时候，男孩不能蒙头大睡。有时候，出于某种原因，男孩会习惯把头蒙在被子里睡觉。这样不仅使人呼吸不畅，感到胸闷、气促，而且使自己呼出的二氧化碳又重复“回收”入肺，从而使体内和脑细胞的含氧量不足，导致睡眠不稳，损害健康。一旦形成了蒙头睡觉的习惯，男孩就会变得面黄肌瘦，还会影响自己的智力和降低抗病能力。睡觉的时候，被子也不能盖得太厚。有些男孩认为冬天天气冷的时候必须得盖厚厚的被子。事实并非如此，盖被过厚，会过于压迫胸部，使男孩在睡眠中呼吸困难，呼吸量减少，做梦增多。起床后，还容易产生头晕、脑涨、多汗的现象。



## 个人卫生与保健

小寒今年14岁，从小就是个爱干净的男孩子，每天早上他都会认真地把自己从头到脚收拾得干干净净，放学回家第一件事，也是先洗个澡，让自己洗去一身的泥垢。

但是，最近小寒觉得自己的皮肤变得粗糙了很多，而且还经常发炎，这是怎么一回事呢?

不仅如此，没过多久，小寒的脸上还长了粉刺，医生看后竟然说他是不注意个人卫生引起的。

“我每天都会认真地洗脸、洗澡，怎么可能不注意个人卫生呢。”小寒觉得自己很委屈。

医生详细询问了小寒是如何洗脸、洗澡的。

小寒回答道：“用脸盆、肥皂洗脸啊，每次洗澡的时候，我都怕洗不干净，还用力地用搓澡巾搓澡，怎么可能洗不干净。”

医生听后笑道：“问题就出在这里了。”

小寒一下子愣住了，难道真的是他没处理好个人卫生？

故事中的医生为什么会说小寒的粉刺和皮炎是因为洗脸、洗澡不当引起的呢？这是因为，在脸盆中洗脸时，会使水变得越来越浑，最后只是在用脏水清洗脸罢了。所以，男孩在洗脸的时候，最好用流动水来洗，先把手搓洗干净，再用手洗脸。而且，男孩也不应该用肥皂洗脸。虽然肥皂有很强的去污能力，但面部皮肤有大量的皮脂腺和汗腺，每时每刻都在合成一种天然的“高级美容霜”，在皮肤上形成一层看不见的防护膜。它略呈酸性，有强大的杀菌护肤作用。而偏碱性的肥皂不但会破坏了它的保护作用，还会刺激皮脂腺多“产油”，让皮肤变得油腻，脸上自然就会长出粉刺来。

另外，男孩在洗脸的时候应注意，不要用过热的水清洗面部。热水能彻底清除面部的防护膜，所以用热水加肥皂洗脸之后，人的皮肤会感到非常紧绷难受，还会影响皮肤的健康。洗脸后，毛巾用完要及时晾干。久湿不干的毛巾有利于各种微生物滋生，用湿毛巾洗脸擦脸无异于向脸上涂抹各种细菌。因此，男孩应让毛巾经常保持清洁干燥，这样才不会伤害自己的“脸面”。

而小寒得皮炎的主要原因，和他不正确的洗澡方法有很大的关系。有不少的人在洗澡时习惯用力搓擦皮肤，似乎不这样就洗不干净。就像小寒一样，怕洗不干净，而用力搓皮肤。但这样做不仅不会让自己变得干净，还会伤害到皮肤。人的身体表面有一层覆盖全身的上层细胞脱落层，它的厚度仅为0.1毫米，但是它的存在对人体十分重要。因为它呈弱酸性，能有效地阻挡病菌及有害射线，是人体的一道天然防线。这层表皮的更新速度极为缓慢，最快的部位也需10多天，而上臂内侧则需100多天。洗澡时狠搓皮肤会使这层皮质遭到破坏，导致病菌及有害射线乘虚而入，使皮肤受感染，形成皮炎，严重者，还会发展成疖肿或败血症，对健康十分不利。所以，男孩在洗澡的时候，千万不要学小寒那样用力搓皮肤，要轻搓皮肤，以免伤害到我们稚嫩的肌肤。



洗澡的时候，男孩最好使用专门的浴皂或沐浴露，尽量少用碱性大的肥皂。青春期的男孩活泼好动，经常活跃在运动场，但很多男孩会在运动之后立即洗澡，这是不对的行为。美国巨人足球队医生爱伦·莱维博士指出，人在激烈运动时，肌肉内的血流量增加，一旦停止运动，增加的心率和血流量还会持续一段时间。如果这时男孩洗热水澡，就会增加皮肤内的血液流量，血液会过多地进入肌肉和皮肤，导致人体的两大主要器官——心脏和大脑供血不足。轻者头晕眼花，重者还可能增加患上心脏病、高血压的危险性。

同时，当男孩在出汗时，也不能图一时的凉快而洗冷水澡。当人汗流浃背时，不可只图一时的凉快，而马上用冷水洗澡。因热身汗体突然受冷水刺激，体表毛细血管骤然收缩；影响汗腺的排泄和血液循环，体内的热量不能及时大量散发，甚至会发生有关疾病。

当男孩洗完澡后，一定要把头发吹干或自然晾干后再睡觉，不能湿着头发睡觉。很多男孩在晚上洗澡后常常不等头发干了就上床睡觉，甚至在夏天的时候还会开着空调或风扇睡觉。这样做的结果直接导致男孩第二天醒来后头痛乏力或引起感冒。这是因为，一天当中人的阳气在午夜最弱，尤其在夏季，本来人体消耗的能量就大，容易感到疲惫，抵御疾病的能力较低，如果睡前水分滞留在头皮上，就会使头部的阳气遇寒而凝结，导致气滞血瘀或经络阻闭。如果洗完头后马上睡进有空调的房间里，头部又对着冷空气吹，就更是寒湿交加，容易患病，甚至睡到半夜就会感到头皮局部有滞胀麻木感，还伴有隐隐

的疼痛感，次日清晨更会头痛难忍。久而久之。还可能引发一种称为“头皮下静脉丛炎”的疾病，给健康带来极大的隐患。所以，男孩一定不能湿着头发睡觉，以免损害身体健康。

除了洗脸和洗澡，男孩还应注意其他方面的个人卫生保健工作。

不少男孩有用盐水漱口的习惯，他们认为盐水能够起到消毒、杀菌的作用，借此达到保持口腔卫生的目的。但长期用盐水漱口，不但不能保持个人卫生，还可能会对身体健康造成损害。有研究表明，不论是用清水、还是用盐水漱口，对暂时减少口腔细菌的数量是有效的，但用盐水漱口20分钟后，口腔内的细菌数量开始恢复，只要一个小时细菌数量便可以恢复到漱口前的水平，而用清水漱口，虽然比用盐水漱口要早10分钟开始恢复细菌数量，但需要的时间却更长。这是因为，盐水将口腔中的细菌斩尽杀绝的同时，也将起着防御危害作用的口腔黏膜破坏了，导致细菌的恢复速度变快，长期如此，便会影响口腔健康。而且，长期用盐水漱口，牙齿表面就容易沉积色素和污垢，容易引发或加重牙龈炎和牙周炎。

## 应知的日常保健禁忌

李明亮是一名初中男孩，很喜欢运动，每天早晚都会进行体育锻炼，就算是寒冷的冬天，他也会早早地起床，进行晨练。

李明亮以为，这样锻炼下去，自己的身体一定会变得十分健康强壮，但他发现，每次一到冬季，他的身体健康就会下降很多，隔三岔五就会咳嗽一段时间，实在是苦不堪言。

“你跑步的时候，是不是习惯用嘴呼吸？”同学问他。

他想了想，自己确实是习惯张大嘴呼吸，就点了点头。

同学说：“这就对了，冬天天气寒冷，你张着嘴呼吸，冷空气就会从你的口中吸进体内，肯定会引起咳嗽的啊。”

李明亮这才知道自己为什么会冬天咳嗽了，原因是自己在进行保健运动时，没有注意这些日常细节引起的。

有没有男孩像李明亮一样，在冬天跑步的时候习惯张着嘴呼吸呢？如果有，那男孩就要注意了，张着嘴呼吸，可能会让身体受到一定的损害，增加患病的危险性。男孩在冬季进行体育锻炼时，最好不要用嘴呼吸，而应该采用鼻腔或口鼻混合式的呼吸方法。这是因为人体在呼吸的过程中，鼻内的黏膜可以滤清空气，使气管和肺部不受尘埃、病菌的侵害。再加上寒冬气温低，冷空气进入鼻孔后即可得到加温，使人们呼吸起来更顺畅和舒适。但是，如果男孩在进行剧烈运动或负荷量较大时，单纯用鼻腔呼吸可能无法满足身体对氧气的需要，这时就需要用嘴来协助呼吸，最好是采用鼻腔和嘴混合呼吸的方法，但嘴不可张得过大。如果口张得过大，吸入的过冷空气就会刺激咽喉和气管，引起扁桃体炎、气管炎、领下淋巴结肿大，严重时还会引发肾炎、肺气肿等病症。

有一些男孩喜欢骑自行车锻炼身体，但在骑自行车时，他们往往把车座提得很高，觉得这样的姿势更利于控制车速和保健。但事实截然相反。车座过高，特别是超过车把的水平高度时，男孩的上半身就必然前倾，臀部后翘，使体重主要分布于两个部位，一是握车把的两只手掌，二是大部分体重通过车座前端反作用于会阴部。这样，握车把的两手掌腕部肌肉群因为长时间地承受较重的压力而压迫尺神经，

很容易出现双手麻木无力、手臂小指侧皮肤感觉减退的现象，重者还可引起小指和无名指关节活动障碍，以及掌部肌肉轻度萎缩等尺神经麻痹症状。当然，对肩肘关节也有一定的影响。而且，由于车座前端的反作用，再加上座鞍前端长时间与会阴部摩擦，极易导致男孩前列腺充血。在细菌或病毒的诱发下，还可能导致前列腺炎，出现尿道灼痛、尿频或排尿困难等症状，给男孩造成一定的痛苦和不便。所以，男孩在骑车运动时，不能把车座提得太高，当感觉不舒适时，应换一种运动方式，或停骑一段时间，缓解不良症状。

夏季天气炎热，阳光刺眼，很多男孩也习惯把太阳镜当成不可缺少的时尚装饰品，整天戴在眼上。久而久之，就会使视力下降，视物模糊，严重时还会产生头痛、头晕、眼花和不能久视等症状。医学专家将上述症状称为“太阳镜综合征”。这种病症体现为多种不适感觉，如早期在眼睛靠近鼻子周围的部位有明显的麻木感和刺痛感，呼吸时症状更加明显，很像感冒，还有人感到像有小虫子在脸上爬，上颌牙龈麻木，上门齿感觉不适，局部血液循环不畅引起皮肤炎症，眼睛酸胀，视力减退。预防太阳镜综合征，一是要正确选择和合理使用太阳镜。不要选择大框架眼镜。因为此种镜架多是进口的，是根据外国人脸型设计的，而我国成年人双瞳孔的距离多数小于进口的大框架眼镜的光学中心距离，配戴这种眼镜会大大增加眼球调节功能的负担，损害视力。其次，尽可能不戴大型太阳镜。必须戴时要缩短戴镜时间，摘镜后用手掌沿眼框、鼻部两侧按摩10～20次，一旦出现了太阳镜综合征症状时，应停止戴用。

此外，男孩也不能久戴耳机。经常戴耳机会损伤男孩的听力，因为微型录放机、电视机耳机，输出的音量一般在85分贝左右，这样的音量对耳神经有很大的刺激作用，听久了会造成听力减退。而戴耳机后，外耳道被紧紧扣住，高音量直接集中到很薄的耳膜上，听觉神经的紧张，会造成神经系统的紧张，听久了会引起大脑皮层的疲劳、过度兴奋。如果一定要戴耳机听音乐，一定要每隔半个小时就取下耳机让耳朵休息一会儿，不要把音乐的声音开得太大，以免过分刺激耳膜，影响听力。

不可在床头给手机充电。现在不仅成年人是手机的忠实用户，很多青春期的男孩也常人手一部手机。而手机用多了，自然就会涉及充电的问题。很多男孩为了拿取方便，经常会在床头给手机充电，这种充电方式是十分不可取的。如果人在手机充电插座30厘米以内，人体内的免疫功能细胞有可能会因此而数量减少。人体应离手机充电插座30厘米以上，不能放在床边。

另外，男孩上厕所的时候，也不宜长时间看书。上厕所的时候如果男孩看书看报，就会把注意力集中在书上，而忽视了便意。这样做直接导致直肠对粪便的压力刺激失去正常的敏感性，延长了粪团在大肠内停留的时间，时间一长，很容易发生便秘。而且，久蹲或久坐，男孩盆腔会产生瘀血、痔静脉曲张，也会增加患发痔疮的可能性。

# 第十一章

# 理解生命，男孩也应爱惜自己

生命，对于青春期的男孩来说，太过于深奥，男孩可能还无法完全理解它。但从男孩呱呱落地开始，就必须要学会爱惜自己的生命，学会保护自己，并接受可能一点也不完美的自己。做一个自尊、自爱、自强的好男儿。但是，现实却是残酷的，越来越多的青少年因为不了解生命的重要性，而误入歧途，甚至还产生了自杀的思想。本章就是教男孩如何走出自杀阴影，做一个博爱，理解生命，懂得自保的新时代男子汉。

## 提高心理承受力，杜绝自杀思想

在一个平静的午后，突然从一户农家小院传出了一片哭天喊地声和叹息声。路过的村民感到好奇，便走进了小院，这才了解到，这户人家的孩子，一名年仅17岁的男孩刚刚服毒，竟然是要自杀。

昏迷不醒的男孩身旁扔着敌敌畏的空瓶，伤心的母亲手里攥着儿子的遗书，痛哭流涕。

幸好家人及时打了120，经抢救，男孩的命总算是救了回来，但他死灰一样的眼神，却和这个年龄的孩子相差甚远。

“你们为什么要救我，生活太累，太无聊了，死了就解脱了。”病房里，男孩面无表情地说道。

母亲听后，又开始一个劲地抹眼泪，站在一旁一直沉默的父亲忍不住打了男孩一巴掌，浑身颤抖地说出了两个字：“孽子！”

身体渐渐恢复后，男孩被父母带回了家，但男孩一进家门就说：“活着真的太没意思了，你们这次救了我，下一次也能救活我吗？”

“儿子，你别吓妈啊……”母亲听了儿子的话后，吓得蹲坐在地上，忍不住哭了起来。

父亲觉得儿子心理得了病，便趁着男孩休息的时间，去村里打听哪里有治“心病”的医生。

世界上最宝贵的东西，莫过于生命，不管是人类还是动植物，生命都是极其重要的。但青春期的男孩经常因为一些挫折或不如意的事情，对生活感到失望，轻易地就抛弃了自己年轻的生命，让生者伤心。

到底是什么原因，让男孩变得这么厌世轻生呢？一方面，缺乏父母的关心让他们对亲情感到漠然。很多父母由于平时工作压力大，而疏于对孩子的管教，缺乏和孩子之间的沟通，使男孩觉得自己并没有得到父母真正的关注和了解，继而开始讨厌自己的生活。青春期的男孩在思想、情感上都会产生微妙的起伏。面对父母的“冷漠”，男孩不是积极地去想办法密切和父母的关系，而是选择了极端的方式，引发了悲剧的产生。

而且，很多男孩因为从小没吃过苦，经受的困难和挫折较少，所以对挫折和压力的应对能力低下，不知道如何正确处理生活中出现的各种矛盾和问题，也是导致男孩一遇到困难就想逃避，产生厌世心理的主要原因之一。

如今，自杀已经成为青少年第一大死因，据新华社统计，每年，我国都有接近28.7万人死于自杀，是国际平均数的2.3倍。这些惊心动魄的数据时刻提醒人们，解决青少年自杀问题，已经刻不容缓。

在有过自杀行为或者是产生自杀想法的青少年中，很多人都表示出“生活很残酷”、“活着没意思”等消极的想法。他们觉得自己一点也不怕死，经常拿“十八年后又是一条好汉”来自我解嘲。而且青春期的男孩易冲动，当因为某些刺激而产生了厌世的想法后，会在冲动之下就做出令人伤心的举动。

浩浩出身于一个书香世家，父母都是高级知识分子。从小父母就对他寄予厚望，但因为工作忙，父母很少陪在浩浩身边。久而久之，浩浩的性格发生了一些扭曲。

浩浩的学习成绩还不错，但数学一直是弱项。这让父亲很失望，几次都说："我教过的一年级的小学生都比你的数学成绩好。"于是，每次浩浩一看到那些所谓的父亲的学生时，就会冷哼一声送对方一个白眼。中考时浩浩只考上了普通高中，在学校住宿一个月后，他说什么也不愿意去学校住，就和父母大吵了起来。父母也懒得理他，再后来，浩浩发现只要自己的情绪得到发泄，不好的心情就会变得好一点。比如，生气时把饭倒掉、在墙上乱涂乱画、把妈妈买的东西全砸到墙上等。

这些行为让他得到了发泄，但父母却受不了，觉得他得了"精神病"，一定要把他送到精神病院去。浩浩听后，不知道从哪拿出了一个锋利的刀片，说："如果你们把我送到精神病院，我就死给你们看。"

说完，还真的在手腕上轻轻划了一道，鲜红的血滴马上从手腕滴落到了地上。父母看得脸色大变，不敢再提这话。但浩浩却发现，这种自残式的痛楚，让他心里变得更舒畅了。

从那以后，浩浩一发不可收拾，旧伤口刚好，他的身上就会出现一个新的伤口，这种自残自虐的方法，让父母痛苦不堪，却不知道如何是好。

男孩应该了解，自杀并不是勇敢的表现，恰恰相反，自杀是一种自我逃避、不负责任、胆怯的愚蠢行为。

当男孩产生了厌世的心理，并想以自残、自杀的方式来"报复"

社会，“解脱”自己时，不妨想一想这样做的严重后果。不要极端地以为除了死，就没有其他的方法来让自己从困难中解脱了。男孩要提高自己的心理承受力，合理调整内心的情绪，一旦受到了挫折，应先对自己进行心理安慰，使自己心理达到平衡，也可以用“阿Q精神”来进行自我安慰，消除厌世心理。

人的生命只有一次，男孩一定要珍爱自己的生命，释放自己内心的压力，不要伤害自己，更不能伤害爱你的人的心。

## 做个博爱的人

歌手关楚耀有首歌叫作《博爱》，歌词为：“你关注他我关注他，一千个关注，凝聚粉丝数字，从没有相识太迟。你一个V我一个V，正身展示，藏着阶级暗示，娱乐圈的花纸。通宵达旦，推着赞，多少苦乐，搭车食晏，平淡里的寂寞，需一搏。写一博分享快乐微薄感觉，小方格里简单两句，围着高速时代开一个序。写一博分担苦痛让那冰霜冷漠都退去，温馨占据，遥距千里得你推。在虚拟里，荧光幕里，冲浪去，你转发这片新国土，江山太优美。繁字简体两备，原是众亲不远离，我不理沙发怎去抢，脱手相让，情愿找新对象，宁愿细心观赏，多欢畅……新一页新一代与电脑甘苦与共的探索，新的寄托，来为地球开拓，蜗居内手机内共我于新式社交中接载，倾心博爱，细光纤刹那精彩，传到深海……”

倾心博爱，正是现在的青少年最缺乏的精神感悟。

何谓博爱，就是广博的爱，是平等的爱，是没有等差的、没有级别的爱。

博爱是一种价值观，男孩应理解“天生我材必有用”的真正含义，树立信心和理想，不用有色眼镜和歧视心理去看待周围的人、事、物，不能在生活和学校里搞“小集团主义”，拉帮结派，欺凌弱小。博爱的男孩不应自私，要懂得奉献精神，将之看作一种崇高的理想和爱。

但是，很多时候，男孩并没有真正地理解和接受博爱精神，对父母、朋友才会爱，对遇到困难的陌生人却十分冷漠，甚至，有些青少年，连自己的亲人也不爱，这样的人，怎么会成长为博爱的人呢？

那么，怎么做才算是博爱呢？其实，博爱很简单，就是爱你所看到的一切人和事物。

感恩节的早上，有一家人正在发愁，他们不知道如何以感恩的心过这一天，因为他们实在是太穷了，穷得连今天的食物都没有着落。

家中的小儿子肚子已经饿得咕咕叫了，但他知道，一旦他开口说饿，爸爸妈妈就会因为吃饭的问题吵起来，他讨厌吵架。正当他觉得自己是那么的无奈和无助时，命运之神敲响了他家的大门……

沉重的敲门声在耳边响起，男孩打开门一看，一个身材高大，满脸笑容的男人手提着一个装满各种美食的大篮子站在那里。

男人说：“这份东西是一位知道你们有需要的人要我送来的，他希望你们知道还是有人在关怀和爱你们的。”

一家人愣住了，他们怎么也想不起来有谁会记得贫穷的他们。爸爸妈妈怎么也不愿意接受这份“大礼”，虽然他们都很饿。

但是男人却说：“我只是个跑腿的，感恩节快乐，你们就当这是一个博爱的人无聊发神经吧。”

一家人这才感激地收下了这些食物，而小男孩也记住了男人那句“博爱的人”，虽然这只是一个小小的关怀，却让他晓得人生始终存在着希望，随时有人在关怀着他们，即使这个人是个对他们来说的“陌生人”。

长大成人后，男孩也像当年那个陌生的男人一样，在感恩节这一天，把食物送到了极为需要它们的家庭，看着孩子们脸上开心的笑和别人感激的泪，已经成长为男人的他觉得十分开心。

在给别人的食物中，他总是会放进去这样一张纸条：“我是你们的一位朋友，愿你一家都能过个快乐的感恩节，也希望你们知道有人在默默爱着你们。今后你们若是有能力，就请同样把这样的礼物转送给其他有需要的人，做一个博爱的人。”

“博爱”这两个字出自《无量寿经》中的“尊圣敬善，仁慈博爱”。根据著名语言大师吕叔湘编著的《现代汉语词典》上的解释，博爱，是对全人类的广泛的爱，是一种特殊的、无私的爱，是一种互相关心、互相帮助的爱。

对不认识的人也能伸出援手，即使是昔日的敌人，当他遇到困难时，如果男孩也能帮他一把，那么你就做到了博爱。

除了对人要博爱，男孩还应对动植物博爱。爱惜花草，爱护动物。要知道，动植物也是有生命的，也需要获得人类的关爱和照顾。有人说博爱是舶来品，是西方资产阶级的东西。其实在中国战国时代墨家就有“兼爱”的论述。唐代的韩愈也有过“博爱之谓仁”的说法。男孩应通过自己的行动来传播博爱精神，感动更多的人，加入到博爱的队伍中来。



## 防止意外发生，学会保护自己

近年来，越来越多的青少年因为各种各样的意外而陷入危险之中，有一些甚至还付出了年轻的生命。这样的代价无疑是巨大的，也是令人震惊的。如果男孩不学会保护自己，防止意外发生，很可能会遇到危险，后果不堪设想。比如，交通事故、意外摔伤、被坏人尾随、遭遇歹徒等。这些事情虽然听起来可能离人们的生活很遥远，男孩也觉得自己不可能这么倒霉就遇到这些意外，但不怕一万，就怕万一，万一不小心遇到了这些意外，男孩面临的可能就会是性命攸关的大问题。

意外，有可能是意外事故，有可能是意外伤害，但不管是哪种意外，都需要青少年提高自我保护能力，避免发生意外。

2010年2月17日，网络上曾公布了一则报道，说的是浙江天台县举行新闻发布会正式通报确认该县5名集体失踪的儿童系意外溺水死亡。这5个孩子最大的13岁，最小的才7岁，却因为结伴出门玩耍之后集体失踪，最后警方从附近的养鱼场蓄水池里找到了他们的尸体。

这样的报道令人们感到心痛的同时却也很后悔，后悔为什么不早一点学会一些自保的知识，提高自保能力。

父母并不能时时刻刻守在男孩的身边，所以男孩为了保证自己的安全，也为了让家人放心，应多学一些自保知识。当然，学会自我保护，并不是一朝一夕的事情，它需要男孩长期的学习和努力，才能懂得如何避免、远离已经遇到的或有可能遇到的各种危险。

男孩的生活经历和人生阅历有限，很多时候可能无法意识到自己是否处于危险之中。所以，平时生活中，男孩应多向父母、前辈请教，了解什么是危险，平时都有可能遇到哪些危险，以及如何才能避免和解决这些危险。比如，在马路上看书，可能会撞到行人，甚至被车撞到；一个人深夜出门可能会遇到坏人等。

当男孩清楚了什么是危险、怎样避免危险后，还不能大意，男孩还要提高自己的反应能力。比如，在参加球赛的时候，有目的地进行训练，学会判断球的来去方向，并很快做出击球、接球、传球等一系列反应，提高自己的灵敏度和反应能力。

生活中的一些小事，男孩也要多加注意，因为如果忽略了这些细节，也可能会遭遇到危险。比如，天气凉了不加衣服导致感冒；天气热了不减衣服导致中暑；吃饭时嬉笑打闹，导致异物进入气管等。男孩不要小看这些看似平凡的“小事”，没准它们将是影响男孩安全与健康的大事，一不小心就有可能酿成大祸。

男孩小智是个“鬼机灵”。一天下午放学后，他正在学校门口等妈妈来接他放学。

本来小智说要自己回家的，但妈妈说要给他一个惊喜，一定要来接他，他只好同意了。等了很久，小智都没有看到妈妈的身影，而天渐渐黑了，学校里的学生和老师也都走得差不多了，小智有些懊恼地说：“什么惊喜要等这么久啊。”

正在这个时候，他却听到有人笑着说：“我就是惊喜啊，你家里人让我来接你回家。”

小智抬头一看，是个中年妇女，他皱了皱眉头说道：“是我妈妈让你来接我的？她搞什么呢，怎么不亲自来？”

“对，是你妈妈让我来接你的，她临时有事，耽误了，还说让我来接你，给你一个大惊喜呢，走吧。”

“惊喜？有事？”小智的妈妈是全职太太，每天在家除了做饭、打扫卫生，就是去健身房练瑜伽，临时有事的概率实在是太小了。

所以他留了一个心眼，说：“哦，那肯定是她工作太忙了，最近我都没怎么看到她，今天让她来接我放学，也是我求了半天她才答应的，没想到又爽约。”

“没办法，你妈妈工作忙嘛，她也很懊悔，所以才让我来接你的，那边是我的车，咱们上车吧，我送你回家。”

“谢谢阿姨。”小智虽然嘴上这样说，但心里却咯噔一下，心想，坏了，可能是遇到坏人了。但现在周围没人，学校的保安不知道去哪里巡逻了，妈妈也不见身影，万一她把自己硬拉上车可怎么办啊。

突然，他看到地上的砖头，灵机一动，心里有了主意。

“阿姨你等一下，看门的老头总是欺负我，我去戏弄他一下，然后咱们马上开车跑。”

“好啊好啊。”中年妇女点头说。

小智拎着砖头往学校里跑，但并没有停在保安室，而是来到校门口的一面大铜钟面前，离得远远的，把砖头用力砸了上去，马上，巨大的声音响起，不一会儿，两三个保安就跑了过来。

“同学，别跑，损坏学校公物，是要受处分的。”

“我不跑，肯定不跑。”小智还真乐呵呵地跑向了保安，等跑到他们身边时，才小声说：“大哥哥，门口那个人我不认识，但她说是我妈妈的朋友，非要带我走，那辆车也是她的，我害怕，所以……”

“原来是这样啊，你可真聪明。”保安哥哥摸了摸他的头，向同事使了个眼色，一块走向了门口的中年妇女，那人见情形不对，马上想钻回车里跑走，却被保安几步追了上去，报警后被警察抓走了。

而这时，小智的妈妈才姗姗来迟，手里还拎着一个大蛋糕，说：“小智，生日快乐，这是妈妈亲自做的蛋糕哦。”

“妈，你今天已经送给我一份‘生日礼物’了。”小智傻笑道。

生活中，青少年会遇到很多突发事件，但很多时候，男孩并不能清楚地辨别它们，也没有独立处理好这些事的能力。每个人都会遇到一些自己无法控制的事情，如果男孩不学一些面对突发事件的应变能力，那就很可能要承受损失或者受到伤害。就像故事中的小智，因为应变能力强，才想到了自救的方法，而使自己脱离了危险。所以，为了将突发事件可能带来的损害降到最低程度，男孩应在平时生活中多重视应变能力的训练，培养自己临危不乱的心理素质，开发自己的聪明才智，让自己远离意外，脱离危险。

## 模仿性冒险，害人不浅

冒险是指人们不顾危险一定要进行某些活动或运动。因为人们的这种冒险精神，也随之出现了世界十大冒险运动，分别为：徒手攀岩、蹦极、低空跳伞、高空飞越、高速赛车、潜水、登山、野外生存、速降滑雪、忍饥耐寒。

人们明知道这些行为具有一定的危险性，却还是毅然参与其中，其冒险精神是值得青少年学习的，但如果盲目地模仿他人的冒险行为，做出一些无谓的冒险行为，这样反而不能被人们称之为英雄，还会被说一句“愚蠢”。尤其是很多喜欢看科幻片的青少年，在看到电影中的超人、蜘蛛侠等超级英雄时，因为盲目地崇拜而不考虑现实条件，就模仿电影中英雄的行为，做出一些危险的举动来。这样做，很有可能让自己受到伤害，还会让家人和朋友担心。

小林是一名初中男孩，最近他特别喜欢看《超人》和《蜘蛛侠》这样的电影。每次一看到超人在天空中飞、蜘蛛侠飞檐走壁的时候，就会十分向往，也想像这些英雄一样，冒一回险，做一次英雄。

有一天晚上，小林突发奇想，如果自己也学会了蜘蛛侠的“飞檐走壁术”，是不是也会真的变成英雄了？小林觉得蜘蛛侠的行为和徒手攀岩有些像，而他以前也见过别人攀岩，只要有工

具，其实是很简单的。

于是小林就找来了一些攀岩用的工具，想来想去，打算先从自己家开始，慢慢学。

晚上，等爸爸妈妈睡着后，小林开始行动了。

小林家住的是二楼，他打开窗户，看了看外面的情形，左边有个管道，可以抱着它固定身体。墙壁上也有很多凹陷处，可以作为借力点，只要他小心一点，完全可以像蜘蛛侠那样完成爬楼的“英雄壮举”的。

想好之后，小林就开始往外爬，第一步很顺利，他很快就抱住了外面的管道，但接下来当他想踩在一个凹陷处时，却发现砖与砖之间的凹陷处看似挺深，但完全踩不住。慢慢地，小林觉得自己的体力有点支撑不住了，想顺着管道爬回自己的房间，管道在这个时候却摇晃了起来，顿时，他感到害怕了，急忙大喊大叫，向已经熟睡的父母求救。

父母听到他的呼救声，吓了一跳，急忙把他救了下来，狠狠地批评了他一顿。

但就是这样，也没把小林的“冒险梦”给吓回去，他决定，下次找个保险的地方再爬一次试试。

在现实生活中，像小林这样的男孩大有人在。因为年龄小、知识面窄等原因，无法全面地辨别事情的真假，也无法正确理解电视电影中那些危险的行为。在这些男孩的心里，生命并不是十分重要的，重要的是要具有冒险的精神。但什么是冒险精神，他们又认识不清，以为只要模仿电影中那些英雄们的行为，做个不平凡的自己，就算是冒险了。这种盲目的模仿性冒险行为只会让男孩身陷危险之中，害人害已。

因此，男孩在日常生活中要热爱生活，尊重生命，要以一颗平常心来看待自己身边的人和事，不要模仿影视剧中的危险行为和动作。男孩要知道，影视剧中的冒险行为大多是通过特技做出来的效果，并不是真实的，不具有模仿性。

不要讨厌平凡的自己，平凡才具有真实性，要以一种平常的心态来看待自己，不要靠无谓的冒险来逞英雄。男孩要学会做一个虚心的人，不要依靠冒险行为来表现自己；要学会爱惜自己，不要拿自己的生命开玩笑。



## 了解生命，接受生命教育

最近，有一个简单却又复杂的问题，一直困扰着王航，这个问题就是：什么是生命？

作为一名虚心求学的初中生，王航当然在课本上学到过关于生命的知识，但是他还是会产生疑惑，难道生命真的只是那些像人类、动物、植物这样活生生存在于现实生活中的事物，才能叫作生命吗？

他问同学："你说，咱们脚底下的土地，有生命吗？"

同学说："土怎么会有生命呢，那不变成神话了，难道你还希望从你脚底下跳出一个土地神？"

"可是我认为世间万物都有生命，不只是局限于人类、动物和植物。比如，我们可以想象，山洪暴发是因为大山对我们破坏

行为感到生气，来惩罚我们的；地震是因为大地的愤怒；洪水是因为……”

“别说了，你知道我胆小的，再让你说下去，就连我推着的自行车都要有生命了，没准一会儿就会报复性地让我摔一跤。”

“哈哈，有可能哦。”王航哈哈大笑起来。

但他心里的疑问还是没有得到解答。

这两天，又有一个新的名词出现在了王航的眼前——生命教育。

原来，学校为了让他们学会独立，变得有毅力，重视生命，特意安排了一次生命教育的讲座。

一个问题没弄明白，又出来一个新的问题，生命教育又是什么玩意儿啊？王航很纳闷地想。

在学生的课本上，男孩可能看到的生命解释是这样的：生命泛指有机物和水构成的一个或多个细胞组成的一类具有稳定的物质和能量代谢现象、能回应刺激、能进行自我复制或繁殖的半开放物质系统。

通常情况下，生命个体都会经历从出生、成长到死亡的一系列过程，而生命种群也会随着自然选择发生进化以适应环境。总而言之，生命，就是物质系统。

但是，人们依然很难给生命定出一个最科学的定义。虽然人们能一眼就可以区分出什么东西是有生命的，什么东西是没生命的，但青春期的男孩有时候还是很难理解，为什么会是这样的。就像上例中的王航，为什么连肉眼都看不到的细胞都是具有生命的，而自己踩在脚下的大地、水流，却不具有生命？

我想，这个问题，就连科学家都会很难给出确切的答案，毕竟生命本身就是很奇妙的存在。另外，有一些生物，在某些时候是介于生命和无生命物质之间的。比如，病毒。在有寄主可寄生的时候，病毒会表现出生命现象；但在没有寄主可寄生的时候，不会表现生命现象。而空气中的细菌、病毒，种子，冬眠中的动物等虽然没有新陈代谢和生长发育的生命特征，但是，它们同样属于生命的范畴。

如果一定要从科学的角度给生命下一个定义的话，人们可以说，生命是由核酸、蛋白质等生物大分子所组成的生物体不断进行着物质、信息和能量交换的一种综合运动形式。

在所有的生命中，还有一种智慧较高的生物，人们称之为智慧生命。地球上的智慧生命指的是人类——这个高智慧的灵长类生物，而在地球之外是否有智慧生命，现在仍是一个谜。

人类这种高智慧生物比其他生物都要复杂得多，具有有限性、唯一性，而生命教育，就是让青少年了解到这一点，学会考虑生命个体的存在价值，并在实践中实现生命价值。

每个人的生命都是有意义的，男孩只有尊重和珍惜生命的价值，热爱生命，才能逐渐融入社会这个大团体中，树立积极、健康、正确的生命观。

生命教育有广义和狭义两种定义。狭义的生命教育指的是对生命本身的关注，包括个人与他人的生命，以及存在着的所有自然生命；广义的生命教育是一种全面的教育，它不仅包括对生命的关注，还包括对生存能力的培养和生命价值的提升。

生命教育是1968年美国学者杰·唐纳·化特士首次提出的，到目前为止，生命教育已经走过了近40年的道路，是作为预防青少年自杀的权宜之计被提出并开始广泛宣扬的。让青少年认识生命和珍惜生命成为这一活动的主要内容。目前，生命教育的重要性已经得到广泛的认同，世界各地都开始紧抓青少年的生命教育工作了。

我国是从20世纪90年代开始全面实施素质教育，开展生命教育的。 在开始生命教育时，一直遵循着科学性与人文性相结合、发展预防和干预相结合、学校家庭与社会教育资源相结合的原则来进行的。人们认为，生命是物质和精神的统一，既需要科学的研究，也需要人文的解读，应首先提高青少年对生命意义的认识，避免纯理论的知识传授，才能让青少年正确理解什么是生命，如何珍惜生命，积极乐观地接受生命教育。而且，生命教育具有关注每一位青少年健康成长的发展性目标，必须要对青少年可能面对的危机性问题进行科学的预防和干预。比如，毒品、自杀和意外事故等。生命教育并不只是学校的事，也不仅是青少年的事，而是社会这个大集体共同的事情。青少年在了解和接受生命教育时，要善用现有的教育资源，多与父母、学校互动、互补，让自己心理健康地走向现代化，走向未来，走向全世界。

## 接受不完美的自己，追求幸福人生

男孩进入青春期后，对幸福和人生百态都有了一定的了解，自然也开始向往幸福，希望自己能有一个美好的人生，度过余下的好时光。

但人生并非一直如自己想象般那样完美无缺，也不可能总是一帆风顺。很多男孩在成长过程中会发现，生活很美好，但不美好的却是自己。个子不够高，体形过瘦或过胖，长相平庸，能力低下。这些发现让男孩顿时失去了青春的光彩，开始变得颓废、消极，觉得自己再也无法收获幸福的人生了。



赵郎和其他男孩子不一样，从小就对自己的长相十分在意，进入初中后，他依旧每天都拿着一面小镜子，左照照、右照照，越看自己越觉得长得帅气。当听到别人夸自己帅时，他心里美滋滋的别提多开心了。

可是自从赵郎在网上看到了一个男明星的照片后，就觉得自己这张脸越来越难看了。

“哎呀，你看我这鼻子，有点塌，别提多难看了。”他对同学说，“还有，我右边脸颊比较高，一点都不对称，太影响美观了。”

“你一个男的，这么臭美干吗。”同学忍不住打击他。

但赵郎却仍沉浸在自己的外貌上，“如果我能再帅气一点，再完美一点就好了。”

赵郎看着镜子里自己的脸，一会儿摸摸鼻子，一会儿捏捏脸蛋，越看越觉得比那个明星差远了，真是丑死了。

有了这样的认知后，赵郎开始变得闷闷不乐了。

每天早上起床后做的第一件事还是照镜子，但再也不像以前那样越看越自豪，而是越看越觉得自己长得丑。

“好像……鼻子有点歪，往左偏了一点点……”

“嘴唇也薄厚不一，真是越看越难看，我以前怎么没发现呢，长成这样，可怎么见人啊。”赵郎急得快哭起来了。

“你到底是不是男孩子啊，这么爱美。”到了学校，他向同

学哭诉，却被同学笑话。

赵郎说："谁说男人就不能爱美了，爱美之心人皆有之，你懂不懂。哎，先别说这些，你说我这么不完美，以后可怎么活下去啊？"

"只是这样你就不活了，那我脸上长这么多青春痘，李力身材那么矮小，我们是不是都不要活了？"

"可是……"赵郎还想说什么，却听同学又说道："你也别'横挑鼻子竖挑眼'了，好看难看真就那么重要吗？世界上哪有十全十美的人。你鼻子歪点就没脸见人了，那人家缺胳膊少腿儿的该怎么办？人，要接受自己的不完美，这样才能体会到幸福和快乐，有一个美好的人生。"

赵郎觉得同学说得有道理，但他还是忍不住会拿出小镜子，和那个帅气的男明星作比较。

故事中的赵郎是个爱美的男孩子，但却在成长的过程中发现了自己的美一点也"不完美"，这让赵郎在心里产生了较大的震撼，忍不住会想"原来自己并不是像自己想象中的那么完美无缺，这可怎么办呢？"赵郎因此而丧失了自信，甚至觉得自己没法活在这个世界上了。其实，这些问题是每个人都苦恼的一些小瑕疵，就像他同学所说，人无完人，世界上根本没有那么完美的人。男孩要学会接受不完美的自己，这样才能追求幸福的人生。

除了相貌，男孩还会因为自己哪些地方不完美而感到苦恼呢？

其一，生理方面不如意。生理方面的某些"不完美"虽然并不代表着残疾，但男孩往往认为，这些不完美比残疾更可怕，更让人感到苦恼。男孩往往会因为没有达到自己心目中的理想标准而"自寻烦恼”。

其二，性格个性等社会能力方面的欠缺。如不善言谈、拘谨、死板等。这些不完美之处让男孩感觉自己低人一等，觉得人生就是一种折磨，一点也不幸福。

其三，家庭条件不如别人。当其他同学炫耀或谈论自己有什么名牌书包、手机、衣服时，男孩就会产生一定的压力，认为自己的生活不如意，并不是自己一直向往的幸福生活。

其四，学习成绩差。尤其是因父母的期望较高而无法达到要求时，男孩就会觉得自己的人生“不完美”，一点也没有幸福的感觉。

其实，这些问题并不是那么的“不完美”，要知道，不完美的人生，才更生动，具有光彩。因此，男孩要针对自己“我是不完美的，真受不了”的不良心理和情绪进行改善，及时摆脱这种困扰。

男孩不要过于求全。面对父母的过高期望，男孩不要产生压力，也不要过于自负，认为自己是无所不能的最完美的人。不要过于求全，也不要总把“不完美”的话放在嘴边，并拿这个“期望”作为目标给自己施加压力。

男孩要接受自己的“不完美”，即使男孩在某一方面做得不到位或有一些缺点，但这并不影响父母对孩子的爱，以及男孩的社交圈子和个人能力。在他人眼中，男孩就是男孩，不管男孩是完美的还是不完美的，他们和男孩做朋友，所接受的就是有优点也有缺乏的男孩。对于男孩的一些小毛病，只要改掉就可以了，不必过于在意，也不要觉得自己长得丑、个儿不高就没人爱，不配得到幸福。人人都有追求幸福的权利，男孩要明白“人无完人”的道理，完美

只是人们追求的一个理想目标，而不能完全以此作为对自己的要求标准。这个世上没有绝对完美的事情，人也一样，没有谁的外貌是完美无瑕的，也没有谁是没有缺点的人，圣人、伟人也达不到这种境界。